Dieter Buck
Spazier-Ziele
auf der westlichen Alb

Dieter Buck

Spazier-Ziele auf der westlichen Alb

- Entdecken
- Erleben
- Genießen

Silberburg-Verlag

Umschlagfoto:
Bichishausen im Großen Lautertal
Foto Seite 1:
Schloss Lichtenstein
Foto Seite 2/3:
Blick ins Donautal in Richtung Schloss Werenwag
Foto Seite 12/13:
Auf dem Lochenstein
Foto Seite 120/121:
Am Marktplatz von Bad Urach

Dieter Buck

1953 geboren, verfasst der Stuttgarter seit vielen Jahren Wandervorschläge, Tipps für Radtouren und Reisebeschreibungen für verschiedene Zeitungen und Magazine im In- und Ausland. Außerdem veröffentlichte er zahlreiche Bücher: Wander-, Radwander- und Reiseführer. Er ist Herausgeber des »Schwaben-Kalenders« und Redaktionsleiter von »Schwaben Alpin«. Dieter Bucks Themengebiete sind Süddeutschland, insbesondere Baden-Württemberg und das Allgäu, sowie der deutsche und österreichische Alpenraum.

2. Auflage 2008

© 2005/2008 by Silberburg-Verlag GmbH,
Schönbuchstraße 48, D-72074 Tübingen.
Alle Rechte vorbehalten.
Alle Wegbeschreibungen erfolgen nach bestem Wissen und Gewissen.
Autor und Verlag können jedoch keine Haftung übernehmen,
auch nicht bei etwaigen Unfällen.
Die Benützung dieses Buches geschieht auf eigenes Risiko.
Umschlaggestaltung: Anette Wenzel, Tübingen, unter Verwendung
einer Fotografie von Dieter Buck.
Kartengrundlage: Topographische Karte 1 : 50 000 Baden-Württemberg
© Landesvermessungsamt Baden-Württemberg (www.lv-bw.de),
vom 18.07.05, Az.: 2851.2-D/4299, bearbeitet durch den Verlag.
Bilder im Innenteil: Dieter Buck.
Lektorat: Werner Brenner, Rottenburg am Neckar.
Layout und Satz: textdesign, Martin Fischer, Tübingen.
Druck: Grammlich, Pliezhausen.
Printed in Germany.

Gedruckt auf zertifiziertem Papier:
Förderung nachhaltiger Waldbewirtschaftung –
nähere Informationen unter: www.pefc.org

ISBN 978-3-87407-687-6

Besuchen Sie uns im Internet
und entdecken Sie die Vielfalt unseres Verlagsprogramms:
www.silberburg.de

Inhalt

7

Städte und Orte

Vorwort

Die Schwäbische Alb ist eine der naturkundlich und historisch reichsten Landschaften Deutschlands. Sie in allen Facetten beschreiben zu wollen, würde ein Werk Brockhaus'schen Ausmaßes ergeben. Deshalb sind in diesem Buch nur Ausflüge und Spaziergänge zu den wichtigsten und schönsten Sehenswürdigkeiten und Orten aufgeführt, was natürlich eine sehr subjektive Sache ist. Dafür bitte ich vorab um Verzeihung.

Trotzdem, Sie finden hier eine Zusammenstellung von 46 Ausflügen und Beschreibungen von 14 Städten und Orten, die alle einen Besuch lohnen. Es sind größere Städte und kleine Dörfer dabei, Schlösser, Burgruinen und Natursehenswürdigkeiten. Für jeden und jedes Alter findet man also etwas. Somit bietet sich die herrliche Schwäbische Alb als Ausflugsziel für jede Gelegenheit an.

Normalerweise sucht man einen Wanderführer für die Schwäbische Alb. Nicht jeder ist aber ein ausdauernder und konditionsstarker Wanderer. Manche möchten lieber einen kurzen Spaziergang unternehmen, einkehren, eine Natursehenswürdigkeit oder ein Museum besichtigen oder durch eine romantische Stadt bummeln. Für solche Albfreunde haben wir dieses Buch gemacht.

In der Regel rechnet man für eine Strecke von etwa vier Kilometern eine Stunde Wanderzeit.

Nun, dieses Buch ist eben kein Wanderführer, es ist eher für den gemütlicheren Spaziergänger und Ausflügler gedacht. So sind auch die kalkulierten Zeiten großzügiger bemessen. Sollten Sie also ein guter und geübter Geher sein, so wundern Sie sich nicht, wenn Sie die angegebenen Zeiten unterschreiten. Aber auch wenn es sich von der Länge und vom Schwierigkeitsgrad her bei den beschriebenen Ausflügen nur um Spaziergänge handelt, so sollte man doch festes Schuhwerk anziehen, denn man bewegt sich ja in der Natur, wo nicht alle Wege sauber und gepflegt sind.

Was Sie vergeblich suchen werden, sind zum Beispiel detaillierte Angaben zu Öffnungszeiten und Internetadressen. Öffnungszeiten ändern sich zu oft, als dass sie in einem Buch sinnvoll veröffentlicht werden könnten. Es sind aber überall Telefonnummern und Adressen angegeben, bei denen man sich erkundigen kann. Ansonsten – erfahrene Internetnutzer wissen, dass man Auskünfte zu fast jeder Stadt Tag und Nacht unter der Adresse *www.stadtname.de* erhalten kann. Angaben zu Museen finden Sie unter www.netmuseum.de.

Viele erlebnisreiche und interessante Entdeckungsreisen auf der Schwäbischen Alb wünscht

Dieter Buck

Spazier-Ziele auf der westlichen Alb

- ● **46 Spaziergänge**
- ● **14 Stadtbesichtigungen**

Dieter Buck

Spazier-Ziele
auf der westlichen Alb

Entdecken
Erleben
Genießen

Silberburg-Verlag

Rems

Kirc
unt

Nürtingen

Neckar

Tübingen

Reutlingen

Rottenburg
am Neckar

Pfullingen

Mössingen

Haigerloch

Hechingen

Neuffen

36
34   35 37 39
3
44 45
33   43
41   42   Bad

Mü

23
24
22   Engstingen
26 27
21
25
16
Trochtelfingen
17
20
Balingen   Burladingen
15
Gammertingen
19
32
1   13
14   Ebingen
Zwiefa
2   Meßstetten
18 Veringenstadt
Rottweil

6
Donau
3
9 10 11 Sigmaringen
Spaichingen
Mühlheim   7
an der
Donau   Beuron   Inzigkofen
8
4   5
Tuttlingen   Fridingen
an der Donau
12

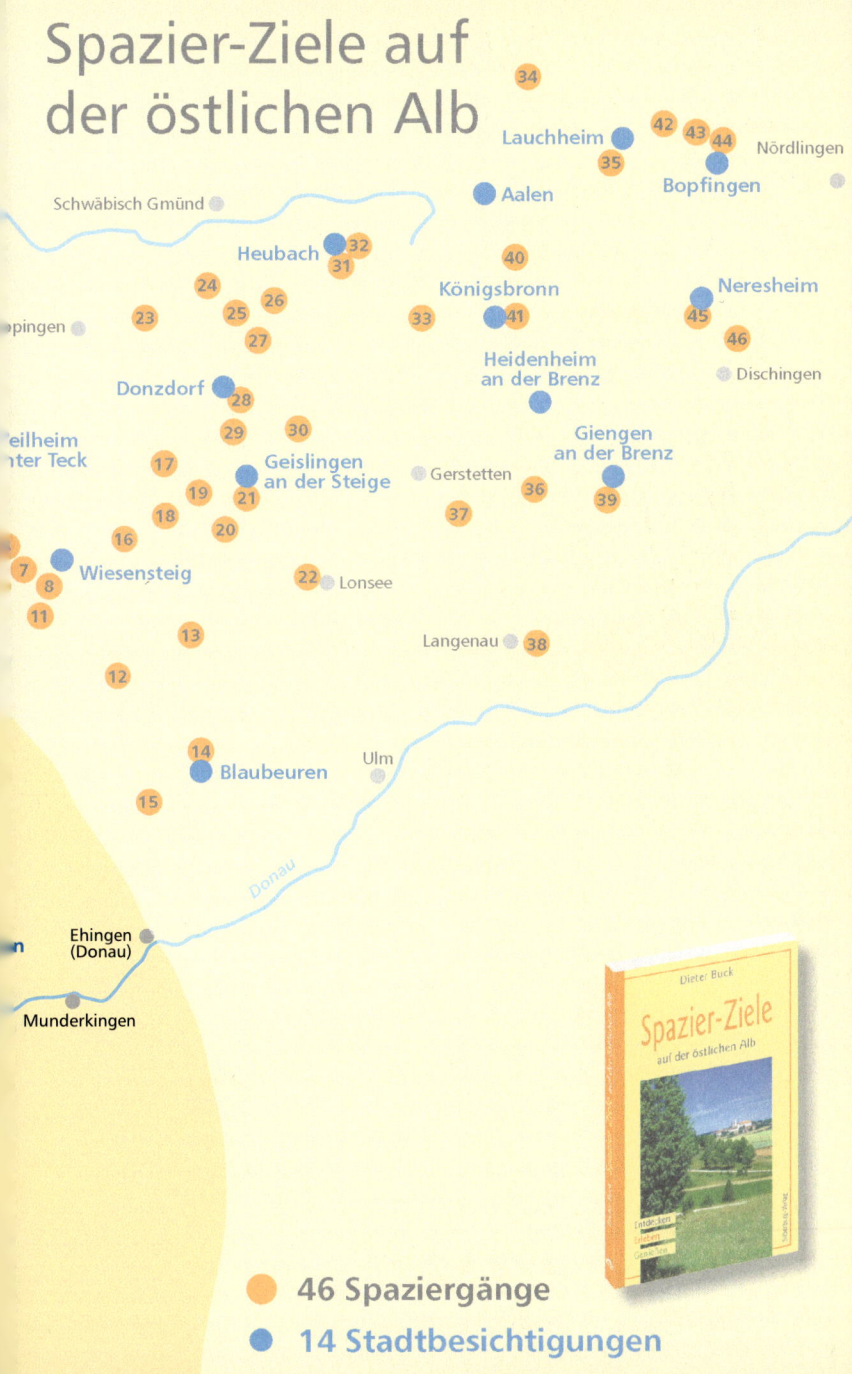

Spazier-Ziele auf der östlichen Alb

Schwäbisch Gmünd
Lauchheim
34
42 43 44
Nördlingen
35
Bopfingen
Aalen
Heubach 32
31
Königsbronn
40
Neresheim
24
26
45
46
23 25
27
33 41
Dischingen
Heidenheim an der Brenz
Donzdorf 28
29 30
Giengen an der Brenz
eilheim nter Teck
17
Geislingen an der Steige
Gerstetten
36
19 21
39
18 20
37
16
7
8 Wiesensteig
22 Lonsee
11
13
Langenau 38
12
14
Ulm
15 Blaubeuren

Donau

Ehingen (Donau)

Munderkingen

🟠 46 Spaziergänge
🔵 14 Stadtbesichtigungen

Teil 1

Ausflüge

1 Vom Badesee zum Lehrpfad

Ausflug nach Schömberg

Badeseen sind auf der Schwäbischen Alb etwas Seltenes. Bei diesem Spaziergang besuchen wir den Stausee bei Schömberg im Oberen Schlichemtal. Am See beginnt ein interessanter Lehrpfad, der als Besonderheit zusätzlich zu den »normalen« Tafeln mit kindgerechten Schildern ausgestattet ist. Nach der kurzen Wanderung kann man den Tag am See verbringen oder sich Schömberg ansehen. Für Kinder ist auch das Freizeitzentrum verlockend. Es besteht aus einem Miniaturdorf mit Fachwerkhäusern aus ganz Deutschland, einer Kindereisenbahn, einem Streichelzoo und Erlebnispark.

■ **Ausgangspunkt:**
Schömberg.

■ **Wegverlauf:**
Die Anfänge **Schömbergs** (676 m, Auskunft: Fremdenverkehrsverein Oberes Schlichemtal e.V., Schillerstraße 29, 72355 Schömberg, Telefon 0 74 27/9 49 80) reichen weit zurück. Gegründet wurde der 1268 erstmals als Schonberc genannte Ort aber erst 1255 von den Grafen von Zollern. 1379 wurde er an die schwäbischen Reichsstädte

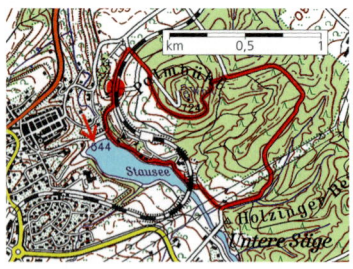

verpfändet und 1381 an Österreich verkauft. Von Vorderösterreich kam er 1806 an Württemberg. Durch die letzten großen Brände 1750 und 1847 wurden die alten Gebäude völlig zerstört. Der Ort besitzt eine alte Fasnetstradition. Man findet eine reizvolle kleine Altstadt mit schönen Fachwerkhäusern und dem Oberen Tor. – Das viergeschossige Rathaus mit dem kleinen Glockentürmchen stammt aus dem 18. Jahrhundert. – Die klassizistische katholische Kirche wurde 1840 nach dem Abbruch einer spätgotischen Vorgängerkirche erbaut, das Pfarrhaus 1750. – Museen: Narrenmuseum. Schulgasse 13. Nach Vereinbarung, Telefon (0 74 27) 94 02-0. – Haus Bühler – Kunst und Geschichte in Schömberg. Werke von Hermann Finsterlin und Karl Kugele, außerdem Exponate zur Heimatgeschichte Schömbergs. Telefon (0 70 84) 1 44 44.

Hinter dem Stausee liegt das historische Städtchen Schömberg.

Der Badesee-Parkplatz befindet sich etwas oberhalb des Sees. Von hier aus spazieren wir in wenigen Minuten hinab zum See und an dessen Ufer entlang. Ab jetzt ist der Naturlehrpfad durchgehend markiert.

Am Ende des Sees quert ein Viadukt; danach kommen wir zu einer Verzweigung, wo wir mit dem Zeichen blaues Dreieck nach links abbiegen. Vorbei an einem Haus erreichen wir den Wald. Am Abzweig zum »Plettenberg« gehen wir noch kurz geradeaus weiter, an der folgenden Verzweigung halten wir uns links. Der Weg zieht nach links hoch. An einem abgehenden Weg behalten wir unsere Richtung bei. Weiter ansteigend kommen wir zu einem querenden Weg, in den wir nach links einschwenken. Es geht erst eben, dann leicht fallend zu einem weiteren Querweg, an dem wir uns links halten. Kurz danach orientieren wir uns an der Verzweigung links, danach gehen wir nach rechts zu einem parallel verlaufenden Weg, dem wir nach links folgen. Etwas später verlassen wir den Wald und spazieren zwischen Waldrand und Streuobstwiesen, bis wir links einen kleinen Spielplatz und den Parkplatz sehen. Nun sollten wir auch der Palmbühlkapelle einen Besuch abstatten.

Die **Wallfahrtskapelle Palmbühl** wurde im 18. Jahrhundert aus einer

1469 erwähnten und 1631 wieder errichteten Leonhardskapelle erbaut.

Sie besitzt eine sehenswerte barocke Inneneinrichtung, die vielleicht von Urban Faulhaber geschaffen wurde. Das Gnadenbild ist eine hochgotische Pieta von 1340.

■ **Länge:**
Etwa 4 Kilometer.

■ **Zeit:**
Etwa 1 ½ Stunden.

■ **Einkehrmöglichkeiten:**
Stausee, Schömberg.

2 Auf den höchsten Berg der Alb

Zum Lemberg

Mit 1015 Metern Höhe ist der Lemberg auf der westlichen Schwäbischen Alb der höchste Berg dieses Mittelgebirges. Auf ihm steht ein Aussichtsturm des Schwäbischen Albvereins, der uns weite Blicke über die Alb, in den Schwarzwald und zu den Alpen ermöglicht.

■ **Ausgangspunkt:**
Wanderparkplatz westlich von Deilingen, unterhalb des Oberhohenbergs.

■ **Wegverlauf:**
Wir spazieren auf dem mit dem roten Dreieck bezeichneten Weg vorbei an einer Hütte auf dem Platz des ehemaligen Maierhofes der Burg in den Wald. Es geht zuerst sanft, dann steiler aufwärts zum Oberhohenberg.

Die ehemalige **Burg Oberhohenberg** (1011 m) lag auf dem zweithöchsten Berg der Schwäbischen Alb. Hier stand früher eine ausgedehnte Burganlage aus dem 12. Jahrhundert. Die 1179 erstmals erwähnten Grafen von Hohenberg waren eine Seitenlinie der Zollern. Ihr Gebiet reichte von Rottenburg am Neckar bis Fridingen im Donautal. 1449 wurde die Burg von den Rottweilern zerstört, und nur wenige Reste wie das Fundament eines achteckigen Bergfriedes sind zu sehen. Die Hohenberger zogen später in die Rottenburger Gegend. Die Schwester des auch als Minnesänger bekannten Grafen Albert, Gertrud, heiratete 1245 den Grafen Rudolf von Habsburg, den späteren deutschen König, und wurde so zur Stammmutter des Habsburger-

Die Berge auf der Westalb sind um die tausend Meter hoch.

geschlechts. Als Königin nahm sie den »vornehmeren« Namen Anna an.

Nun spazieren wir, der Beschilderung in Richtung »Lemberg« folgend, nach links. Es geht etwas auf und ab, dann erreichen wir den Lembergsattel und steigen auf zum Lemberggipfel, wo wir auf den Turm steigen sollten. Nun halten wir uns links und gehen steil abwärts bis zu einem querenden Schotterweg, dem wir nach links zum Lembergsattel folgen. Ab hier wandern wir auf bekanntem Weg zurück.

■ **Länge:**
Etwa 6 Kilometer.

■ **Zeit:**
Etwa 2 Stunden.

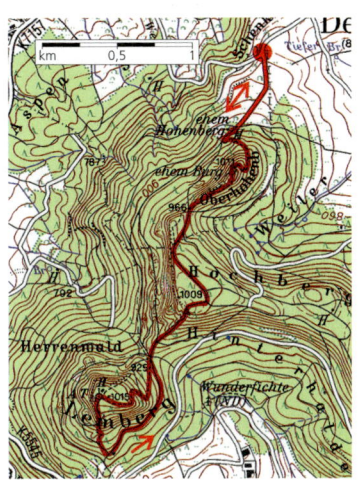

3 Hoch über dem Westrand der Alb

Vom Dreifaltigkeitsberg zum Klippeneck

Dieser Spaziergang beschert uns herrliche Aussichten vom West-rand der Schwäbischen Alb in Richtung Schwarzwald. Der Ausflug ist bei schönem Wetter mit guter Fernsicht besonders empfehlens-wert; dann allerdings sollte man früh anreisen, denn die Parkplätze sind rasch belegt. Da man sowohl das Klippeneck mit seinem Segel-flugplatz wie auch den Dreifaltigkeitsberg bequem anfahren kann, ist es egal, wo gestartet wird.

■ **Ausgangspunkt:**
Klippeneck oder Dreifaltigkeits-berg.

■ **Wegverlauf:**
Vom Klippeneckparkplatz aus spazieren wir mit dem roten Drei-

eck immer nach Süden in Richtung »Dreifaltigkeitsberg«. Man passiert einige Aussichtspunkte, ansonsten verläuft die Tour im Wald. Unter-wegs kommen wir an einem schö-nen gusseisernen Wegweiser aus dem 19. Jahrhundert vorbei, der

Die Wallfahrtskirche auf dem Dreifaltigkeitsberg

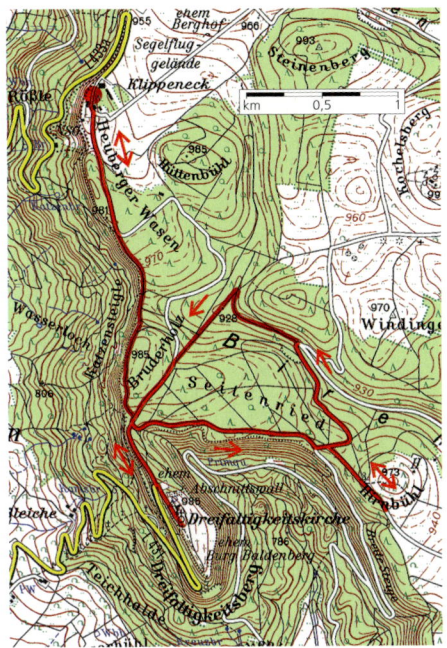

seinem Südteil wurde später eine Burg erbaut. 1415 weihte Bischof Konrad von Konstanz die erste Steinkapelle. Um den Strom der Pilger aufzunehmen, wurde 1666 bis 1673 die heutige Kirche erbaut, um 1761 bis 1767 wurde sie erweitert. Damals erhielt auch der bislang Baldenberg genannte Berg seinen heutigen Namen. Die Kirche ist innen von Joseph Anton Feichtmayr ausgeschmückt worden; besonders prächtig ist der Altar mit dem Gnadenbild.

die Grenze der Markungen anzeigt. Auch die bonsaiartigen Wetterbuchen am Trauf sind sehenswert. Schließlich treffen wir nach einer dreiviertel Stunde auf die Zufahrtsstraße zum Dreifaltigkeitsberg. Kurz darauf sind wir bei der Wallfahrtskirche.

Der **Dreifaltigkeitsberg** war früher ein beliebter Wallfahrtsort. Spuren menschlicher Siedlungen fand man aber schon ab der Jungsteinzeit, und in der Hallstattzeit befand sich hier eine keltische Fliehburg, die mit Wall und Graben gesichert war. Der Gipfel des Berges diente vielleicht auch als Sonnenkultstätte, und auf

Nach dem Besuch der Kirche können wir uns auf der großen Wiese dahinter beziehungsweise auf den Bänken ausruhen. Beachten sollten wir auch den Obelisken, der eine Tafel mit dem Text »Europ. Gradmessung/ Trigonom. Punkt/Dreifaltigkeitsberg/1875« und eine neue Tafel mit einer Erklärung trägt. Danach geht es zurück. Wer es sich bequem machen möchte, spaziert auf demselben Weg retour.

Es ist aber auch eine kurze Erweiterung möglich. Hierbei folgen wir, kurz nachdem wir wieder in den Wald gekommen sind, dem Wegweiser nach rechts in Richtung Hirnbühl (rotes Dreieck). Wir wandern immer nach Osten. Kurz vor dem Waldende kommen wir zu einer

Kreuzung; hier gehen wir noch kurz bis zum Waldende, dahinter liegt der Hirnbühl. Um diese kleine Kuppe wächst eine bunte Blumenwiese, die, wenn sie noch nicht abgemäht ist, einen schönen Anblick bietet. Dann gehen wir wieder zurück zu der Kreuzung (im Wald etwa 300 Meter) und biegen hier in den ersten (vom Waldende aus gesehen) nach rechts abgehenden Weg ein.

Dieser Weg knickt bald darauf nach links ab und bringt uns hinab ins Birental. Hier sehen wir das Zeichen roter Strich, biegen links ab und spazieren durch das Tal. Nach etwa 500 Metern zieht der Weg nach rechts. Hier zweigt mit dem Zeichen roter Strich ein zum »Dreifaltigkeitsberg« weisender Weg

scharf nach links ab. Ihm folgen wir; es geht sanft ansteigend hinauf, vorbei an der Europäischen Wasserscheide Donau/Rhein, wie wir auf einem Schild lesen können, und bis zum Traufweg. Auf ihm spazieren wir nach rechts zurück zum Klippeneck.

■ **Länge:**
Nur hin und zurück etwa 8 Kilometer, mit Erweiterung etwa 12 Kilometer.

■ **Zeit:**
Etwa 2 ½ beziehungsweise 3 ½ Stunden.

■ **Einkehrmöglichkeiten:**
Dreifaltigkeitsberg, Klippeneck.

4 Sehenswertes auf engem Raum

Das Naturschutzgebiet Kraftstein und zwei ehemalige Burgen

Im Naturschutzgebiet Kraftstein wächst eine prächtige Wacholderheide, die man bei einem kurzen Spaziergang ansehen kann. Außerdem liegen in unmittelbarer Umgebung zwei Burgruinen.

■ **Ausgangspunkt:**
Wanderparkplatz Kraftstein.

■ **Wegverlauf:**
Um zum Parkplatz zu gelangen,

folgen wir in Mahlstetten dem Schild »Kraftstein«. Hinter dem Bauernhof finden wir den Parkplatz. Von hier aus spazieren wir mit der Beschilderung gelbes Dreieck und »Burgenweg« nach rechts. Es geht kurz bergab zum Parkplatz, dann nach rechts in wenigen Minuten zur Ruine Kraftstein.

Von der **Ruine Kraftstein,** einer ehemaligen Turmburg, ist noch Mauerwerk übrig. Sie wurde um 1100 von den Herren von Wartenberg gegründet und kam 1386 von den Herren von Wartenberg an die Stadt Mühlheim. Seit dem 15. Jahrhundert verfällt sie.

Dann geht es am Waldrand entlang nach Süden, wobei wir bald nach links einen schönen Blick auf die Wacholderheide haben. Rund eine halbe Stunde später treffen wir auf einen Schotterweg, dem wir nach rechts folgen. Etwas später halten wir uns auf dem nach rechts abgehenden Pfad zur ehemaligen Burg Bräunisberg.

Die **Ruine Bräunisberg** wurde vom 11. bis zum 13. Jahrhundert erbaut und gehörte erst den Herren von Wartenberg. Außer einem Steinwall ist nichts mehr von ihr übrig.

Danach gehen wir wieder zurück zum Schotterweg, dem wir vorerst, unsere Richtung beibehaltend, folgen. Es geht an der vorigen Abzweigung vorbei, dann nach etwa

einer Viertelstunde nach links auf einem Pfad durch eine Schneise im Wald. Wir können uns an der Waldbezeichnung »Dürrsfeld« sowie am Wegweiser und dem Schild »Landschaftsschutzgebiet« orientieren. Durch die Schneise spazieren wir zur Wacholderheide Kraftstein, die wir in der Mitte überqueren; so gelangen wir zurück zum Parkplatz.

Auf der ungefähr 172 Hektar großen **Wacholderheide Kraftstein** (etwa 860 m) wachsen zahlreiche Wacholder, Wetterfichten und Kiefern sowie Weidbuchen. Die Heide entstand wie alle Wacholderheiden durch intensive Schafbeweidung. Die Schafe fraßen alle anderen Pflanzen weg, nur die stacheligen Wacholder blieben übrig. Weitere

Wacholderheide Kraftstein

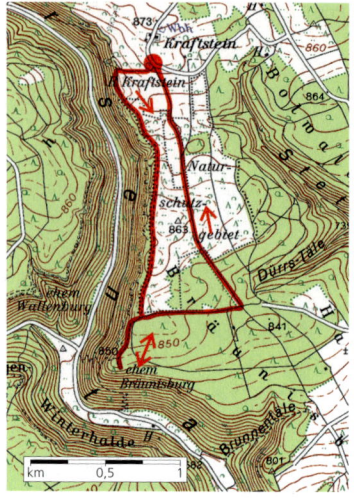

hier wachsende Pflanzen sind Thymian, Horn- und Wundklee, Rundblättrige Glockenblume, Kleines Habichtskraut, Kreuz-, Gefranster und Gelber Enzian, der auf Grund seines Giftgehaltes von den Schafen gemieden wird. Kostbarkeiten sind das Gewöhnliche Katzenpfötchen und die Echte Mondraute. An Vögeln findet man Heidelerche, Raubwürger, Baumpieper und Neuntöter.

■ **Länge:**
Etwa 7 Kilometer.

■ **Zeit:**
Etwa 2 Stunden.

5 Eine eigenartige Natursehenswürdigkeit

Über die Donauversinkung zur Ziegelhütte

Die Donauversinkung (oder -versickerung) ist eines der bemerkenswertesten Naturphänomene Baden-Württembergs. Dieser Ausflug führt uns an der Versinkung vorbei, außerdem bietet er uns prächtige Landschaftsbilder in dem von manchen auch »Grand Canyon« genannten Tal der oberen Donau.

■ **Ausgangspunkt:**
Fridingen.

■ **Wegverlauf:**
Wir spazieren in Fridingen zur

Donau und nehmen den links des Flusses verlaufenden Donautal-Radweg. Es geht erst nach Süden zur Kläranlage; hier knickt der Weg nach links ab. Etwas später sehen

Der Stiegelesfels ist ein mächtiger Kalkstotzen.

wir rechts ein Schild zur Donauversinkung, einem Naturphänomen, das wir je nach Wetterlage sehen – oder vor allem nach trockenen Perioden eben nicht sehen – können.

Die junge Donau erreicht hier die Wohlgeschichteten Kalksteine des Weißen Jura ß, die durch Klüfte und Hohlräume charakterisiert sind. Durch sie versickert das Wasser – die

Wanderer über dem Donautal

Etwas später überqueren wir die Donau und kommen hinter ihr entlanggehend zur Ziegelhütte.

Die **Ziegelhütte** ist ein Bauernhof mit Vesperwirtschaft. Interessant ist die an einen Friedhof erinnernde Steinskulptur, die folgende Inschrift trägt: »Zum Gedenken an Maria und Ernst Heni. Sie haben die jüdische Mitbürgerin Sybille Kramer 1944/45 in der Ziegelhütte vor den Nazis versteckt und ihr durch dieses mutige beispielhafte Verhalten das Leben gerettet. Deutscher Gewerkschaftsbund Kreis Tuttlingen. August 1981.« Daneben befindet sich eine kleine Wegkapelle, in der eine große Christusfigur steht.

so genannte **Donauversinkung (oder -versickerung)** – und tritt 180 Meter tiefer und zwölf Kilometer weiter südlich in der Aachquelle, der größten Quelle Deutschlands mit einer durchschnittlichen Schüttung von fast 10 000 Litern pro Sekunde, wieder zutage. Das Flussbett ist durchschnittlich an bis zu 220 Tagen im Jahr trocken.

Zurück können wir auf demselben Weg wandern, oder wir gehen nach der Brücke noch kurz geradeaus weiter bis zu einem Querweg. Hier halten wir uns links und biegen nach rund zehn Minuten mit der gelben Raute nach rechts ab.

Wer will, kann aber hinter der Brücke nach rechts einen schönen Abstecher an den Fuß des Stiegelesfelsens machen. Wir spazieren hierzu nach rechts, entlang der Donau, so lange wir möchten.

Der etwa 150 Meter hohe **Stiegelesfels** (778 m) ist ein mächtiges Felsriff und liegt in einem Naturschutzgebiet mit Trockenrasen, Steppenheide- und Felsflora. 28 Hektar stehen seit 1938 unter Naturschutz. Zusammen mit dem Laibfelsen, der ebenfalls eine artenreiche Steppenheide trägt, und dem Burgstall bildet er einen imposanten, rund 200 Meter hohen Felszirkus. Unterhalb der südexponierten Felswand findet man vom herabrieselnden Gestein gebildete Schutthalden mit Steppenheideflora. An Hochgebirgspflanzen wachsen Immergrünes Hungerblümchen, Trauben-Steinbrech, Berg-Hähnlein, Steinröschen, Ästige Graslilie, Schwalbenwurz, Küchenschelle, Laserkraut und Federgras. Auf den Felsen gedeihen rund 130 gefährdete Pflanzen, die auf der Roten Liste der aussterbenden Arten stehen.

Eine weitere Möglichkeit wäre es, hinter der Brücke mit dem Wanderzeichen rote Gabel nach rechts hinaufzusteigen. Wo sich der Weg verzweigt, hält man sich erst rechts zum Laibfelsen, dann geht man zurück und spaziert an der Verzweigung geradeaus weiter nach Fridingen.

- ■ **Länge:**
  Bis zur Ziegelhütte sind es etwa 6 Kilometer, Abstecher an den Fuß des Stiegelesfelsens zusätzlich etwa 3 Kilometer. Wählt man den Rückweg über den Laibfelsen, sind es etwa 5 Kilometer.

- ■ **Zeit:**
  Zur Ziegelhütte etwa 2 Stunden, ebenso beim Rückweg über den Laibfelsen. Abstecher an den Fuß des Stiegelesfelsens zusätzlich etwa 1 Stunde.

- ■ **Einkehrmöglichkeiten:**
  Ziegelhütte, Fridingen.

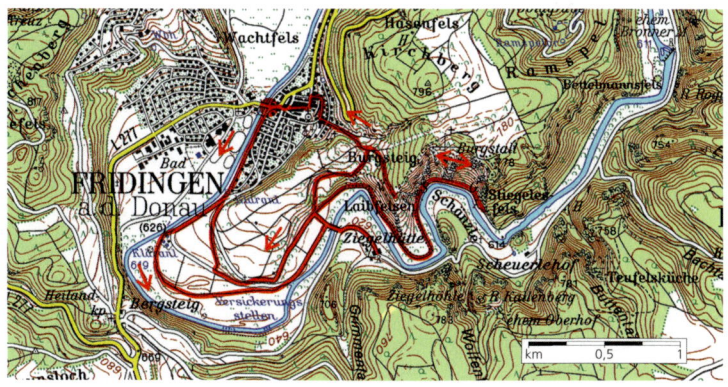

6 Ins Dolinenparadies

Durch das Irndorfer Hardt

Dolinen, auch Erdfälle genannt, sind eine Besonderheit von Kalkgebirgen. Auf der Alb findet man viele davon, eine ganze Ansammlung ist im Irndorfer Hardt zu besichtigen. Das Naturschutzgebiet besitzt eine ganz eigene Flora und Fauna.

■ **Ausgangspunkt:**
Parkplatz zwischen Irndorf und Schwenningen auf dem Heuberg.

■ **Wegverlauf:**
Wir gehen auf dem mit dem gelben Dreieck bezeichneten Feldweg nach Norden in den Wald. Nach einer Schutzhütte verlassen wir den Weg und kommen in die Hardtwiesen. Ab jetzt finden wir nur noch Pfadspuren und ab und zu Wanderzeichen an den Bäumen. Von den beiden weiterführenden Wegen nehmen wir den linken (auf dem rechten kommen wir später zurück). Wir spazieren immer geradeaus bis zu einer Doline; links an ihr vorbei kommen wir auf dem Pfad zu einer Waldecke.

Der Name **Irndorfer Hardt** (etwa 850 m) deutet auf ein ehemaliges Waldweidegebiet hin. Hier gibt es eine herrliche, fast parkartige Landschaft mit bizarren, teilweise abgestorbenen Bäumen, Baumgruppen und kleinen Wäldchen mit alten Eichen, Fichten, Birken und Berg-

ahornen sowie seltenen Pflanzen. Die Landschaft entstand in der Zeit, als die Bauern aus dem Wald Heu gewannen beziehungsweise die lichten Wälder als Waldweide dienten. Derartige Holzwiesen waren früher auf der Schwäbischen

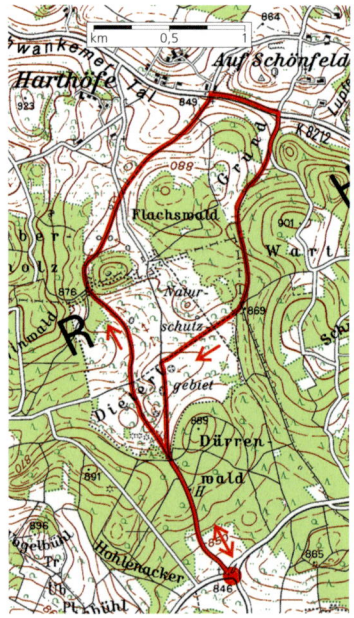

Das Irndorfer Hardt ist berühmt für seine Flora und seine Dolinen.

Alb weit verbreitet. Da wegen der Muldenlage des Irndorfer Hardts die Kaltluft nicht entweichen kann, ist in allen Monaten des Jahres Frost- oder Reifbildung möglich. Die Pflanzen, die hier wachsen, müssen also kälteresistent sein. So gibt es auch Reliktpflanzen aus der Eiszeit, die sonst nur noch in kühlen Klimaräumen wie den Alpen oder in Nordeuropa vorkommen. Außerdem lebt hier mit der Gold-Heuschrecke ein Relikt aus der Eiszeit. Sehenswert im Irndorfer Hardt sind auch die zahlreichen Dolinen, die teilweise erst entstehen, teilweise aber auch bereits eine beeindruckende Tiefe erreicht haben.

Wir erreichen im Wald einen Querweg, an dem wir uns rechts halten

bis zu einem asphaltierten Weg in den Wiesen. Wir überqueren den Weg und spazieren über die Wiesen, anfangs nur Spuren folgend. Von einer kleinen Anhöhe aus haben wir einen schönen Blick auf die verstreut liegenden Hardthöfe. Wir gehen nun zu der bereits sichtbaren kleinen Kapelle, orientieren uns rechts und spazieren kurz auf der Landstraße bis zu dem nach rechts abgehenden asphaltierten Sträßchen. Wo es kurz darauf eine Linkskurve beschreibt, behalten wir unsere Richtung bei. Es geht immer geradeaus weiter, bald auf einem unbefestigten Weg. Wir kommen in den Wald und schließlich zu einem breiten Forstweg, folgen dem Zeichen gelbe Raute nach rechts und erreichen wieder die Hardtwiesen.

Nach etwa 500 Metern halten wir uns an einem querenden Weg links. Vorbei an Dolinen kommen wir wieder zum Waldrand, wo es auf bekanntem Weg zurückgeht.

■ **Länge:**
Etwa 7 Kilometer.

■ **Zeit:**
Etwa 2 Stunden.

7 Aussichtspunkt und Felsengarten

Irndorf, Rauher Stein und Eichfelsen

An einem der schönsten Aussichtspunkte des Donautales hat der Schwäbische Albverein sein Wanderheim Rauher Stein erbaut. Von hier aus führt ein Weg am Trauf entlang zum Eichfelsen, vor dem sich der Irndorfer Felsengarten befindet.

■ **Ausgangspunkt:**
Irndorf, Rauher Stein.

■ **Wegverlauf:**
Der **Rauhe Stein** (786 m) ist ein prächtiger Aussichtsfels, der einen schönen Blick ins Donautal ermöglicht. Man sieht (etwas versteckt) Beuron, die Donauschleife bei Sankt Maurus und die Burg Wildenstein. Hier liegt das 1961/62 erbaute Wanderheim des Schwäbischen Albvereins mit Einkehr- und Übernachtungsmöglichkeit, Telefon (0 74 66) 2 76.

Der **Eichfelsen** (786 m) ist einer der schönsten Aussichtspunkte im Donautal; man sieht zur

Burg Wildenstein mit ihrem beeindruckenden Felsenkranz, über den markanten Korbfelsen zum Schloss Werenwag, zum Schaufelsen, zum Fachfelsen und zum Bandfelsen. In der Nähe liegt der **Irndorfer**

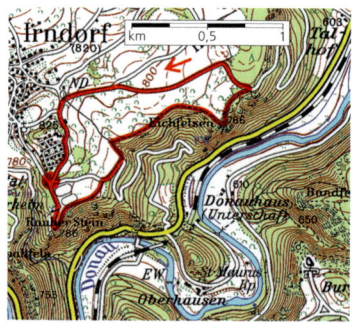

Felsengarten. Hier wird gezeigt, dass die Felsvegetation des Oberen Donautales etwas Besonderes im Vergleich zu anderen Standorten der Alb ist. Als botanische Attraktionen gibt es im mittleren Abschnitt des Durchbruchstales nämlich viele Reliktpflanzen aus den Eiszeiten, ebenso Pflanzen, die sonst nur in den Alpen vorkommen.

Wir folgen in Irndorf der Beschilderung zum Wanderheim Rauher Stein. Hier gehen wir erst vor zum Aussichtsfelsen und orientieren uns am Wanderzeichen rotes Dreieck in Richtung »Eichfelsen«. Der Weg ist gut ausgeschildert, führt uns immer am Trauf und am Waldrand entlang, teilweise auch im Wald, und bringt uns in etwa einer halben Stunde zum Eichfelsen.

Blick ins Donautal zum Schloss Werenwag

Hier haben wir einen schönen Blick auf die Burg Werenwag und zum Rauhen Stein. Kurz vor dem Felsen können wir den Irndorfer Felsengarten bewundern.

Wir gehen nun entweder denselben Weg zurück oder folgen dem roten Dreieck auf einem Pfad im Wald weiter bis zu einem bergab führenden Forstweg. In diesen Weg biegen wir nach links ein. Er zieht nach 200 Metern nach links und bringt uns zurück nach Irndorf und zum Zufahrtsweg zum Wanderheim.

- **Länge:**
  Etwa 2 ½ Kilometer, mit Erweiterung etwa 4 ½ Kilometer.

- **Zeit:**
  Etwa 1 Stunde, mit Erweiterung etwa 2 Stunden.

- **Einkehrmöglichkeit:**
  Wanderheim.

8 Die Beuroner Schule

Zur Kapelle Sankt Maurus

Wer Beuron (siehe Seite 134) besucht, bekommt einen ersten Eindruck vom so genannten Beuroner Kunststil. Ein einzigartiges Werk in dieser Stilrichtung ist die Kapelle Sankt Maurus, die etwas östlich des Klosters im Donautal steht. Sie bietet sich als Ziel eines kürzeren oder längeren Ausflugs an.

- **Ausgangspunkt:**
  Parkplatz bei Sankt Maurus.

- **Wegverlauf:**
  Wer die Kapelle nur in einem kurzen Spaziergang besuchen will, fährt von Beuron donauabwärts in Richtung Hausen und hält an der Bushaltestelle in dem Wäldchen an dem kleinen Umlaufberg. Dann spaziert man auf dem rechten der beiden abgehenden Wege bergab und kommt zu der Kapelle, von der aus man zur Benediktushöhle aufsteigen kann.

Die **Kapelle Sankt Maurus** wurde 1868 bis 1870 im Auftrag von Fürstin Katharina von Hohenzollern von Pater Desiderius Lenz erbaut und war das erste Werk in dem von ihm »erfundenen« neuen Kunststil. Oberhalb liegt die kleine **Benediktushöhle** mit einer lebensgroßen Skulptur.

Anschließend geht man entweder zurück oder folgt dem Weg weiter, sofern man festes Schuhwerk anhat. Kurz vor dem Haus steigt man auf einem Pfad nach links hoch und kommt in wenigen Minuten zurück zum Ausgangspunkt. Auf der anderen Straßenseite kann man in Richtung Eichfelsen noch kurz hinaufgehen und gleich darauf nach rechts zum Aussichtspunkt Vögelesruhe abzweigen. Von hier aus bietet sich ein herrlicher Blick ins Donautal, zum Schloss Werenwag und zur Burg Wildenstein.

Anstrengender ist es, wenn man hoch zur Burg Wildenstein geht. Hierzu spaziert man wie beschrieben zur Kapelle und weiter bis zum Donausteg, überquert den Fluss und folgt dem mit dem roten Dreieck markierten Weg weiter. Wo der Radweg nach links abknickt, gehen wir geradeaus weiter in ein immer wilder werdendes Tal hinein. Am Talschluss sehen wir einen herrlichen Felszirkus mit mächtigen Felsen. Nun steigt es steil an zur Burg Wildenstein, in der eine Jugendherberge untergebracht ist.

Die Kapelle Sankt Maurus ist ein Werk der Beuroner Kunstschule.

Es ist auch möglich, von Beuron aus zur Kapelle zu spazieren. Gleich hinter der Straße durch das Donautal befindet sich ein Parkplatz. Dann folgt man der nach Süden durch den Ort führenden Straße bis nach der Bahnlinie und biegt mit dem Schild des Donautal-Radwanderweges beziehungsweise der roten Gabel nach links ab. Es geht erst parallel zur Bahnlinie, dann verzweigt sich der Weg.

Wir nehmen den nach links führenden Radweg, der erst weiter parallel zu den Gleisen verläuft, sie dann unterquert und uns hinter der Donau nach rechts hoch zu dem Weg bringt, der von der Straße aus nach rechts nach Sankt Maurus führt.

Zurück können wir entweder denselben Weg gehen, oder wir

folgen nach der Kapelle dem Weg weiter, überqueren die Donau auf dem Steg und halten uns dahinter rechts. Die rote Gabel bringt uns zurück zu der von vorhin bekannten Verzweigung und auf bekanntem Weg nach Beuron.

■ **Länge:**
Nur Umlaufberg etwa 1 ½ Kilo-

meter, Wildenstein etwa 5 Kilometer, ab Beuron etwa 6 Kilometer.

■ **Zeit:**
Nur Umlaufberg etwa ½ Stunde, Wildenstein etwa 2 Stunden, ab Beuron etwa 2 Stunden.

■ **Einkehrmöglichkeiten:**
Beuron.

9 Zur kleinsten Basilika nördlich der Alpen

Von Thiergarten nach Gutenstein

Das Donautal, das wir hier mit einem Spaziergang besuchen, ist ja an sich schon Ziel genug. Der Höhepunkt des Ausflugs ist jedoch sicherlich die kleinste Basilika nördlich der Alpen, die eher an ein Zwergenhäuschen als an ein Gotteshaus erinnert.

■ **Ausgangspunkt:**
Beuron-Thiergarten.

■ **Wegverlauf:**
In Thiergarten folgen wir vom Wanderparkplatz aus dem Donau-Radwanderweg in Richtung »Gutshof Käppeler«, der uns zur kleinen Basilika bringt.

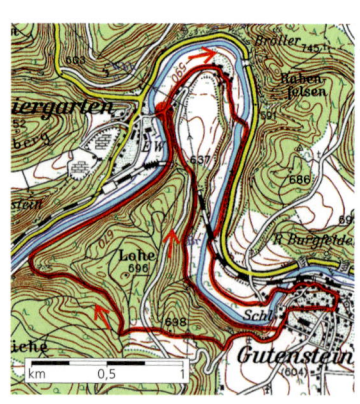

Im Bereich des ehemaligen Hammerwerks steht bei dem alten Meierhof mit dem Staffelgiebel die kleinste

Basilika nördlich der Alpen, die **Sankt-Georgs-Kapelle.** Sie wurde im 11. Jahrhundert errichtet, in der frühen Gotik umgebaut und besitzt wie eine große Basilika drei Schiffe. Einst soll sie sieben Türen gehabt haben, da sich sieben adelige Damen um den Vortritt stritten; so aber konnten alle gleichzeitig die Kirche betreten.

Die Sankt-Georgs-Kapelle ist die kleinste Basilika nördlich der Alpen.

Danach geht es zur Straße und kurz parallel dazu, anschließend wieder etwas von ihr weg. Nach dem oben auf einem Felsen stehenden Schloss Gutenstein (Privatbesitz) überqueren wir die Donau und gehen durch den Ort bis zur Lindenstraße. Wir biegen in diese Straße ein und gehen hoch bis zur links stehenden Kirche, wo wir nach rechts in den Schlossweg abzweigen (rote Gabel). Vor dem Schloss halten wir uns links.

Nach dem Schloss müssen wir uns entscheiden. Wir können beispielsweise mit dem Wanderzeichen nach rechts absteigen (»Thiergarten 2 km«) und entlang der Donau zurückwandern. Wo wir nach der Querung des Umlaufberges vor dem Fluss auf einen breiten Weg treffen, halten wir uns kurz rechts, dann links zum Parkplatz.

Etwas länger dauert es, wenn wir dem Weg »Neumühle durch Geigentäle« geradeaus weiter folgen. Das Zeichen weist uns nach wenigen Minuten nach rechts vom Sträßchen weg, wir überqueren eine Lichtung mit einem auf ihr quer verlaufenden Weg, dahinter im Wald biegen wir nach rechts ab und kommen ebenfalls hinab ins Donautal. Wir biegen nach rechts ab und wandern zurück zur vom Anfang der Tour her bekannten Brücke, über die wir nach links zurück zum Parkplatz gehen.

Thiergarten (590 m, Auskunft: Gemeinde Beuron, Abtei-straße 24, 88631 Beuron, Telefon 0 74 66/2 14) war bereits 1275 als »Weiler« bekannt. Der heutige, seit dem 17. Jahrhundert gebräuchliche Name kommt von dem Tiergarten, den Graf Wilhelm von Zimmern zu Meßkirch in der Nähe seiner Burg Falkenstein 1571 bis 1575 anlegen ließ. Er bestand aber nur rund hundert Jahre lang, weil es immer wieder Ärger mit den Bauern gab. Durch Erbfall kam der Ort an die Fürstenberger, die 1670/72 ein Schmelz- und Hammerwerk mit einer Arbeiterkolonie erbauten; in Glanzzeiten waren hier bis zu hundert Arbeiter beschäftigt und verhütteten Bohnerz zu Schmiedeeisen. 1863 wurde der Betrieb aus Rentabilitätsgründen geschlossen. – Das Gasthaus Hammer besitzt ein Mansarddach, wurde 1789 als Verwaltungsgebäude errichtet und erinnert noch heute an das Werk. – Beim Parkplatz steht zur Erinnerung an das einstige Hammerwerk ein dreißig Zentner schwerer Erzbrocken. Diese so genannte Luppe stammt aus dem letzten Eisenguss.

■ **Länge:**
Etwa 5½ beziehungsweise 7 Kilometer.

■ **Zeit:**
Etwa 2 beziehungsweise 3 Stunden.

■ **Einkehrmöglichkeiten:**
Thiergarten.

10 Burg und Schloss

Von Dietfurt nach Gutenstein

Bei diesem Spaziergang erleben wir ein schönes Stück Donautal, wobei wir auch eine eindrucksvolle Burgruine und ein Schloss, beide jedoch nur von außen, bewundern können.

■ **Ausgangspunkt:**
Inzigkofen-Dietfurt.

■ **Wegverlauf:**
Wenn man von der Donautalstraße nach Dietfurt abzweigt, befindet sich gleich hinter der Donau ein Parkplatz. Ab hier folgen wir dem Radweg durch das Tal nach Westen bis Gutenstein. Wo wir dort auf die von der Donautalstraße herkommende Straße treffen, biegen wir nach links ab und gehen nach wenigen Minuten vor dem großen Feldkreuz nach links zum ehemaligen Bahnhof.

Ab hier spazieren wir auf dem mit der roten Gabel markierten Wanderweg zurück nach Dietfurt. Es steigt an, wobei wir von einem Aus-

sichtspunkt aus einen schönen Blick ins Tal haben. In Dietfurt treffen wir auf ein Quersträßchen, das uns nach links zurück zum Parkplatz bringt.

Ein sich nach der **Burg Dietfurt** (620 m), einem Lehen des Reiches, nennendes Adelsgeschlecht tauchte bereits 1095 urkundlich auf. Über verschiedene Besitzer kam die Burg um 1300 an die Herren von Reischach. 1468 soll die Burg noch verteidigungsfähig gewesen sein. Sie kam 1534 an die Fürstenberger und 1806 an die Fürsten von Hohenzollern-Sigmaringen. Es sind noch ein Teil des Turmes mit mächtigen Bossenquader-Ecksteinen und Reste einer Mauer vorhanden. Unterhalb der Burg liegt eine über hundert Meter lange Höhle mit vier Räumen. Bei Grabungen entdeckte man 16 verschiedene Siedlungsschichten, und man vermutete, dass sich in der La-Tène-Zeit hier ein Kultplatz befand. 1924 kauften die Neutempler die Ruine und richteten sie zu ihren Zwecken ein. Vor allem zu Ostern

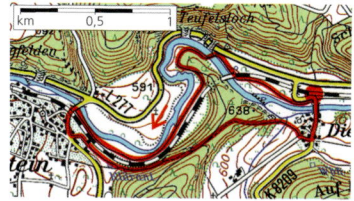

Schloss Gutenstein stammt aus dem 18. Jahrhundert.

und Pfingsten hielten sie hier Veranstaltungen ab, bis dies 1933 verboten wurde.

■ **Länge:**
Etwa 4 ½ Kilometer.

■ **Zeit:**
Etwa 2 Stunden.

■ **Einkehrmöglichkeiten:**
Dietfurt, Gutenstein.

36

11 Ein Kloster, Grotten und eine Aussichtskanzel

In und um Inzigkofen

Interessant bei dieser Tour im Donautal ist das alte Kloster Inzigkofen mit seinem so genannten Fürstlichen Park. Für Naturfreunde bieten sich das Känzele und die Grotten an.

■ **Ausgangspunkt:**
Inzigkofen.

■ **Wegverlauf:**
Wir fahren hoch nach Inzigkofen (s. S. 144) und halten auf dem ersten Parkplatz vor den Klostermauern. Dann gehen wir etwas auf der Straße hinab, bis nach rechts der mit dem roten Dreieck markierte Weg in Richtung »Teufelsbrücke/ Sigmaringen« abzweigt, den wir nachher nehmen. Vorerst gehen wir aber noch kurz weiter und biegen nach links in Richtung »Känzele/ Grotten« ab. In wenigen Minuten sind wir bei dieser Natursehenswürdigkeit beziehungsweise beim Aussichtspunkt.

Die **Grotten** sind bis zu zehn Meter hohe, bis zu 17 Meter lange und bis zu elf Meter breite Auswaschungen im Massenkalk. Außerdem finden wir hier ein Felsentor und das Känzele, eine Aussichtskanzel, die einen schönen Blick ins Donautal ermöglicht.

Anschließend kehren wir zur Straße zurück, halten uns rechts, dann wie beschrieben links und spazieren durch den Park zur Teufelsbrücke und mit dem Zeichen weiter in Richtung Sigmaringen. Bei den ersten Häusern von Laiz treffen wir auf den Radweg, dem wir nach rechts zurück nach Inzigkofen folgen.

Wer will, fährt auf dem Rückweg im Donautal kurz nach Westen. Kurz nach Inzigkofen können wir links an einem Parkplatz halten. Auf der rechten Straßenseite sehen wir die Ruine Gebrochen Gutenstein und Kletterfelsen, an denen wir bei schönem Wetter wohl immer Kletterer beobachten können.

Die um 1200 entstandene **Ruine Gebrochen Gutenstein** (660 m)

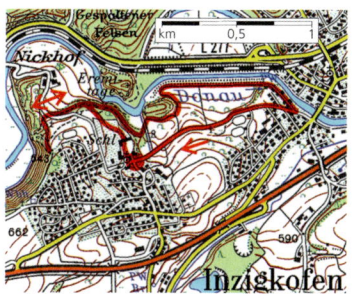

Auf dem Wanderweg kommen wir an mächtigen Auswaschungen vorbei.

besitzt nicht nur einen der merkwürdigsten Standorte von Burgen, sie gehört auch zu denen, die für den »Normalwanderer« nicht zugänglich sind. Auch früher war der Eingang nur über eine Leiter zu erreichen. Die Burg war Lehen der Österreicher. Unter anderen saßen hier ab 1354 die Herren von Reischach und von Gundelfingen; im 16. Jahrhundert gehörte die Burg, bereits als Ruine, den Truchsessen von Waldburg, die sie Gebrochen Gutenstein nannten. An der Straße am Fuß der Felsnadel befinden sich Felsen, an denen man fast immer Kletterer beobachten kann. Zugang ist nur für Kletterer möglich, man kann die Ruine aber gut vom Parkplatz im Donautal aus sehen.

■ **Länge:**
Etwa 4 Kilometer.

■ **Zeit:**
Etwa 1 ½ Stunden.

■ **Einkehrmöglichkeit:**
Inzigkofen.

12 Einblick ins Landleben früherer Zeiten

Freilichtmuseum Neuhausen ob Eck

Im Freilichtmuseum in Neuhausen ob Eck sind Hausformen von der Südwestalb und dem Vorland der Schwäbischen Alb, dem östlichen Schwarzwald, der Baar, dem Hegau, dem westlichen Bodenseegebiet und dem Oberen Gäu zu sehen. Die Häuser wurden nach altem Muster original eingerichtet und vermitteln ein Bild vom Leben und Wohnen auf dem Land in früheren Zeiten.

Das Museum ist ein richtiges Dorf geworden, das alles besitzt, was dazugehört: ein Schul- und Rathaus, eine Kirche, einen Dorfschmied und eine Hafnerei. Man findet große Anwesen reicher Leute, aber auch

Im Freilichtmuseum sind zahlreiche Fachwerkhäuser zu sehen.

Im Innern der Gebäude sieht man, wie die Leute früher gelebt haben.

Häuser von armen Webern und Tagelöhnern.

Aus dem Landkreis Tuttlingen stammen sechs Gebäude, um den Schwarzwälder Haldenhof aus Schonach besteht sogar eine richtige Hofgruppe mit einem Kornspeicher, einer Säge und einer Mühle, die beide voll funktionstüchtig sind und von Wasserrädern in Gang gesetzt werden. Auch eine Hüle, früher typisch für die wasserarme Schwäbische Alb, ist hier zu finden.

Besonders beliebt bei Kindern sind die Haustiere, oft Nachkommen althergebrachter Rassen, die wie bei einem richtigen Bauernhof nach alter Art im Gelände oder in den Ställen gehalten werden. Sehenswert sind auch das Obstbau-Museum mit alten Kern- und Steinobstsorten hinter dem Backhäuschen sowie die Schauäcker, die hinter dem Gasthaus Ochsen und dem Weber- und Kleinbauernhaus liegen. Auskunft: Telefon (0 74 67) 13 91 oder www. freilichtmuseum-neuhausen.de

■ **Einkehrmöglichkeit:**
Museum.

13 Wandern auf fast tausend Metern

Um den Lochenpass

Der Lochenstein mit seiner überragenden Aussicht überrascht uns mit einem der wenigen Gipfelkreuze der Schwäbischen Alb. Auf dem Weiterweg über den Schafberg kommen wir an einigen anderen Aussichtspunkten vorbei; wer sich auf den Weg zum Hörnle macht, erlebt mit den Hülenbuchwiesen eine reizvolle parkartige Landschaft und erreicht am Ende des Abstechers einen weiteren herrlichen Aussichtspunkt.

■ **Ausgangspunkt:**
Lochenpass, zwischen Balingen-Weilstetten und Meßstetten-Tieringen.

■ **Wegverlauf:**
Am Lochenpass folgen wir dem mit der roten Gabel markierten Weg hinauf zum kreuzgekrönten Lochensteinfelsen.

Der **Lochenstein** (963 m) ist ein beeindruckender Schwammstotzen, der nach Norden und Westen siebzig Meter senkrecht abfällt. Auf dem Felskoloss wurde früher eine Stätte altgermanischen Kultes, eine frühgeschichtliche Opferstätte, vermutet. Sie stellte sich dann aber als Höhensiedlung heraus. Erste Funde reichen zurück bis in die Jungstein-

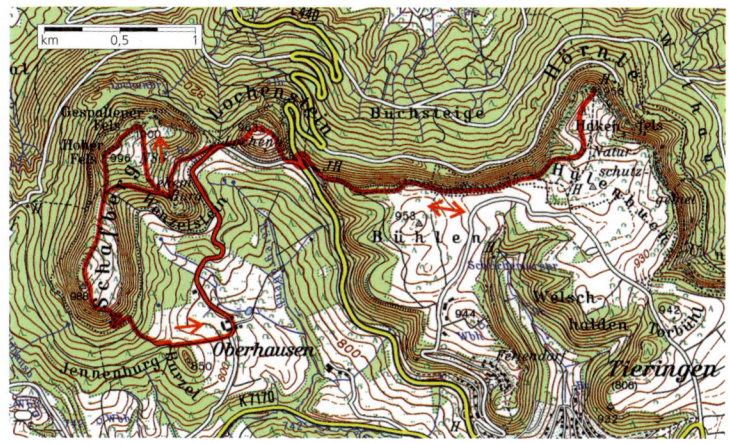

zeit. In der jüngeren Hallstattzeit war hier ein Siedlungsschwerpunkt mit einer dorfartigen Anlage, die vielleicht bis in die frühe La-Tène-Zeit (um 400 v. Chr.) bestand. Zur Zeit der Römer befand sich hier vielleicht eine Siedlung oder ein Wachtposten und auch aus der Völkerwanderungszeit (um 400 n. Chr.) stammen einige Funde.

Danach gehen wir ab der Windrose auf dem nach Südwesten hinabführenden Pfad bis zu der Kreuzung vor der Heide. Hier spazieren wir mit dem Zeichen rotes Dreieck hinauf zum Schafberg.

Das **Naturschutzgebiet Schafberg-Lochenstein** ist 102 Hektar groß. Es wurde wegen seiner abwechslungsreichen Landschaft mit den dazugehörigen Lebensräumen unter Schutz gestellt. Man findet Felsen und Kuppen mit einer subalpinen Vegetation, durch Schafbeweidung entstandene Wacholderheiden mit den dafür charakteristischen Pflanzen und naturnahe Hangwälder. Auf dem nahen **Wenzelstein** stand vom 11. bis ins 13. Jahrhundert eine Burg.

An der Gabelung oberhalb der Heide halten wir uns rechts und kommen zum Gespaltenen Fels. Nun biegen wir nach links ab und steigen hinab zu einer Kreuzung, wo es mit der roten Raute weiter geradeaus zum Hinteren Schafberg geht. Das Zeichen bringt uns zu einem Steil-

abstieg. Danach verlassen wir den Wald und kommen zu dem Gehöft Oberhausen.

Das ehemalige **Rittergut Oberhausen** ist historisch interessant. 1533 wurde Peter Scheer von Schwarzenberg (Vorarlberg) damit belehnt. Da er die Verpflichtung hatte, gleichzeitig auf württembergischem wie auf österreichischem Staatsgebiet zu wohnen, ließ er den Hof auf der Grenze erbauen: Sie verlief zwischen der alten Scheune und dem Schloss. Früher befand sich hier ein ganzer Schlosskomplex mit Amtshaus, Kapelle, Wirtschafts- und Wohngebäuden, Weiher und Garten; heute sind nur wenige Gebäude davon übrig. In der Kapelle wurde 1711 Wilhelmine von Grävenitz, die Mätresse Herzog Eberhard Ludwigs, mit Graf Johann Franz Ferdinand von Würben getraut.

Wir orientieren uns links und gehen zurück zum Lochenstein. Nun kann man über die Hülenbuchwiesen zum Hörnle gehen, sich dies aber auch für einen weiteren Ausflug aufheben. Wir beginnen auf der Ostseite der Passstraße. Hierzu wandern wir mit dem Zeichen rotes Dreieck an der Jugendherberge vorbei in Richtung »Hörnle«. Zuerst steigt es an, nach dem Druckreglerhäuschen wird der Weg aber fast eben. Wir spazieren nun immer am Trauf entlang, erst im Wald, später auf Pfadspuren durch die Hülenbuchwiesen. Rund eine dreiviertel

Der mächtige Lochenstein war schon in der Jungsteinzeit besiedelt.

Stunde später sind wir am Aussichtsfelsen Hörnle. Zurück gehen wir denselben Weg.

Die so genannten **Holzwiesen** stellen ein einzigartiges kulturhistorisches Relikt dar. Sie zeugen von einer extensiven Nutzung der Landschaft und besitzen eine charakteristische Flora und Fauna. Besonders beeindrucken hier die einzeln stehenden Bäume und Buschgruppen, die einen fast parkartigen Eindruck erwecken. Die Wiesen wurden früher als Weiden, später als einmähdige, das heißt einmal im Jahr gemähte, ungedüngte Wiesen genutzt. Die Bäume und Hecken wurden zur Holzgewinnung regelmäßig »auf Stock« gesetzt. Vom Aussichtsfelsen Hörnle aus hat man einen herrlichen Blick ins Tal. Die Holzwiesen sind vom Lochenpass, von Tieringen oder vom Parkplatz in der Nähe des Hörnles aus gut erreichbar.

■ **Länge:**
Um den Schafberg etwa 6 ½ Kilometer, Hörnle etwa 5 Kilometer.

■ **Zeit:**
Um den Schafberg etwa 2 Stunden, zum Hörnle etwa 1 ½ Stunden.

14 Geschichte ab der Vorzeit

Vom Gräbelesberg zur Hossinger Leiter

Dieser Spaziergang führt uns zum Gräbelesberg, der nicht nur archäologisch äußerst interessant ist, sondern auch eine herrliche Aussicht hinab ins Eyachtal bietet. Auch auf dem Weiterweg kommen wir an einem weiteren schönen Aussichtsfelsen vorbei. Danach erreichen wir die Hossinger Leiter, die zwar jünger, aber ebenfalls ein interessantes kulturgeschichtliches Denkmal ist.

■ **Ausgangspunkt:**

Meßstetten-Hossingen; einen Parkplatz findet man auch vor dem Gräbelesberg.

■ **Wegverlauf:**

In Hossingen folgen wir der Beschilderung »Wanderparkplatz Heimberg« beziehungsweise »Gräbelesberg«. Es geht durch Wiesen zu dem genannten Parkplatz. An der Verzweigung danach nehmen wir den rechten Weg, der uns auf den Gräbelesberg und zum Aussichtspunkt bringt.

Der **Gräbelesberg** (915 m) ist nicht nur ein markanter Felsen, der eine herrliche Aussicht ins Eyachtal bietet, sondern auch eines der eindrucksvollsten archäologischen Denkmäler der Südwestalb. Hier stand schon 800 bis 500 v. Chr. in keltischer Zeit eine Fliehburg. Sie musste nur in Richtung Hossingen mit Gräben und

Wällen abgesichert werden. Die Geschichte ist auf Tafeln ausführlich erklärt.

Danach drehen wir um und nehmen den zweiten nach links abgehenden Weg zur »Hossinger Leiter«. Wir kommen an einigen weiteren

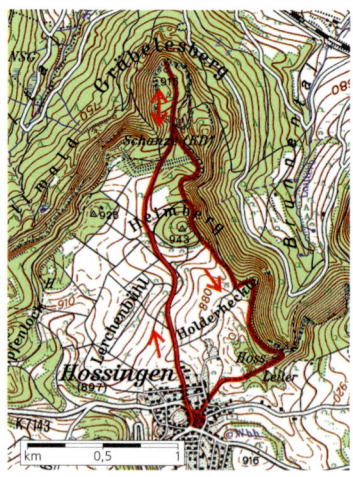

Aussichtspunkten vorbei und verlassen nach dem Heimberg den Wald. Wir spazieren weiter am Waldrand entlang, wobei wir nach rechts einen Blick auf Hossingen haben. Einem Feldweg folgen wir in Gehrichtung. Wo dieser nach rechts abknickt, halten wir uns links in den Wald. Es geht auf einem bald felsig werdenden Weg steil hinab zu einer Hütte mit Feuerstelle. Links kommen wir zur Hossinger Leiter.

Die »**Hossinger Leiter**« steht an einer Stelle, wo die Felswand durch die erodierende Kraft abfließenden Wassers tief eingeschnitten wurde. Während hier anfangs tatsächlich eine Leiter stand, wurde diese später von einer Eisentreppe ersetzt. Sie diente den Hossingern dazu, zum Bahnhof in Lautlingen zu gelangen. Früher gab es ab und zu Unfälle an dieser damals gefährlichen Stelle.

Heute gefahrlos: die Hossinger Leiter

Danach drehen wir um und steigen wieder hinauf. Immer geradeaus gehend spazieren wir in südwestlicher Richtung zurück nach Hossingen.

■ **Länge:**
    Etwa 6 ½ Kilometer.

■ **Zeit:**
    Etwa 2 Stunden.

■ **Einkehrmöglichkeiten:**
    Hossingen.

■ **Grillmöglichkeiten:**
    Am Parkplatz vor dem Gräbelesberg und vor der Hossinger Leiter.

15 Blick vom Felsen und vom Turm

Vom Böllat zur Ruine Schalksburg

Der Böllat zählt zu den schönsten Aussichtsfelsen der Schwäbischen Alb. Zu ihm gelangt man in einem kurzen Spaziergang von Burgfelden aus. Ebenso schnell ist man bei der Ruine Schalksburg, bei der ein Turm als Aussichtsturm rekonstruiert wurde.

■ **Ausgangspunkt:**
Albstadt-Burgfelden; Parkplätze befinden sich zum Beispiel auch am südlichen und am westlichen Ortsrand.

■ **Wegverlauf:**
Burgfelden (912 m, Auskunft: Tourist-Information Albstadt, Marktstraße 35, 72452 Albstadt, Telefon 0 74 31/1 60 12 04) ging aus einem Einzelhof hervor – erst 1477 wurden drei Häuser erwähnt – und wurde 1064 erstmals genannt; es kam 1403 von den Grafen von Zollern an die Württemberger. Im Friedhofsbereich steht die frühromanische

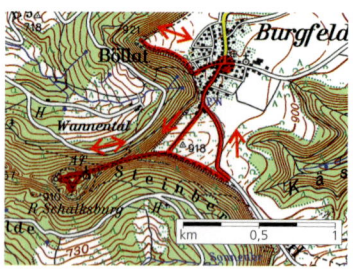

Kirche Sankt Michael mit Fresken im Reichenauer Stil von Ende des 11. Jahrhunderts, die schon zu den bedeutendsten Fresken Deutschlands aus jener Zeit gezählt wurden.

Etwas westlich der Kirche von Burgfelden folgen wir dem Burgweg, halten uns am Ortsende links und gehen über den Parkplatz – an dem man natürlich auch parken kann – zum Trauf. Hier befinden wir uns über dem Eyachtal. Direkt unter uns liegt Laufen, dahinter sehen wir (von links) Gräbelesberg, Hörnle, Lochen und rechts den an seinem Turm erkennbaren Plettenberg. Wir halten uns rechts, bis nach wenigen Minuten der Pfad zur Schalksburg abzweigt. Es geht erst abwärts, dann mit dem roten Winkel wieder etwas hinauf zur Ruine und zum Aussichtsturm. Wenn wir ihn besteigen, sehen wir rechts bereits das zweite Ziel dieses Ausflugs, den felsigen Böllat.

Vom Schalksburg-Turm hat man eine schöne Aussicht.

Die **Schalksburg** (911 m) war früher eine recht umfangreiche Anlage. Sie wurde um 1200 von einer Nebenlinie der Zollerngrafen erbaut und 1403 an die Württemberger veräußert. 1557 kam der Abbruchbefehl und die Steine wurden als Baumaterial verkauft. Heute sind nur noch geringe Reste erhalten. Ein Turm, der die Anlage zur Albhochfläche hin sicherte, wurde allerdings als Aussichtturm wieder aufgebaut.

Wir gehen zurück zum Trauf und auf dem Wiesenpfad zurück nach Burgfelden. An der Kreuzung mit dem Brunnen halten wir uns mit dem Zeichen rotes Dreieck links (Im Gässle). Am Ortsende orientieren wir uns rechts und spazieren am Trauf entlang zum Böllat. Zurück gehen wir denselben Weg.

- **Länge:**
  Etwa 4 ½ Kilometer.

- **Zeit:**
  Etwa 1 ½ Stunden.

- **Einkehrmöglichkeit:**
  Burgfelden.

16 Ein Wahrzeichen der Alb *auswald Empfingen*

Die Burg Hohenzollern

Die Burg Hohenzollern ist eines der Wahrzeichen der Schwäbischen Alb. Auch wenn das, was man heute sieht, nicht mehr aus Ritterzeiten stammt, so ist eine Besichtigung immer noch ein interessantes Erlebnis. Außerdem hat man von der Burg einen weiten Blick ins Land. Denjenigen, denen eine Besichtigung der Anlage zu wenig für einen erfüllten Tag ist, sei hier ein Spaziergang empfohlen.

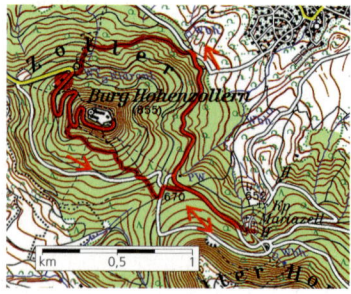

- **Ausgangspunkt:**
  Gebührenpflichtiger Parkplatz unterhalb der Burg Hohenzollern.

- **Wegverlauf:**
  Wir gehen zuerst auf dem ausgewiesenen Gehweg in rund einer

Auch im Winter ein schönes Ziel: die Burg Hohenzollern

Von unten wirkt die neugotische Burg wahrlich wehrhaft.

Viertelstunde hoch zur Burg. Wer will, kann auch mit dem Shuttlebus fahren.

Die ausgedehnte **Burg Hohenzollern** (850 m) liegt auf einem Bergkegel vor der Alb und gehört zu den bekanntesten Anlagen des Landes. Vor einer Burg stand auf dem Berg vielleicht schon eine Michaelskapelle. Danach bauten sich die 1061 erstmals erwähnten Edelfreien von Zollern eine Burg, die in der Straßburger Chronik »das vesteste Haus in teutschen Landen« genannt wurde. Sie wurde 1423 zerstört. Ab Ende des 18. Jahrhunderts wurde die Anlage dem Verfall preisgegeben. Heute sieht man allerdings nichts Altes mehr, sondern den neugotischen Neubau, der zwischen 1850 und 1867 von den mittlerweile über die »Zwischenstufen« Kurfürsten von Brandenburg und Könige von Preußen zu deutschen Kaisern aufgestiegenen Zollern erbaut wurde. Bauherr war König Friedrich Wilhelm IV. Man sieht außer den Räumlichkeiten zahlreiche Exponate aus der Geschichte des Zollerngeschlechts, zum Beispiel den Waffenrock Friedrichs des Großen, Bilder, Gold- und Silberschmiedearbeiten. Kunsthistorisch am bedeutendsten ist die Michaelskapelle mit Ausstattungsstücken ab dem 12. Jahrhundert. Auskunft gibt es unter Telefon (0 74 71) 24 28.

Nach der Besichtigung spazieren wir auf dem Sträßchen zurück. Kurz hinter einer scharfen Rechtskurve werden wir mit dem Zeichen roter Strich in Richtung »Mariazell« nach links verwiesen. Diesem Zeichen folgen wir nun eine Weile. Es geht erst steil hinab zu einem breiteren Querweg, in den wir nach links einschwenken. Nach ein paar Minuten halten wir uns an der Verzweigung rechts, überqueren einen Forstweg und wenden uns am nächsten links, dann gleich wieder rechts. Kurz nachdem wir einen weiteren Forstweg überquert haben, kommen wir zur Kreuzung an der Hexenlinde. Wir orientieren uns links (Zeller Horn), dann gleich rechts (Mariazell). In rund zehn Minuten sind wir bei dieser Kapelle.

Bei der **Wallfahrtskirche Mariazell** unterhalb des Zeller Horns lag früher das Dorf Zell, das aber Ende des 15. Jahrhunderts bereits abgegangen ist. Die hier wohnenden Schenken von Zell waren Ministerialen der Grafen von Zollern und nannten sich ab 1317 Schenken von Stauffenberg

– vielleicht waren sie mit den gleichnamigen zollerischen Truchsessen, die kurz zuvor ausgestorben waren, eine Verbindung eingegangen – und verlegten ihren Sitz nach Lautlingen. Ihr berühmtester Vertreter war Claus Schenk Graf von Stauffenberg, der nach dem missglückten Attentat auf Hitler am 20. Juli 1944 hingerichtet wurde. Die alte Burg der Schenken wurde schon 1439 als Burgstall, also abgegangen, bezeichnet. Die aus der Gotik stammende Kirche Sankt Gallus wurde 1631 von schwedischen Truppen zerstört, 1643 zwar wieder aufgebaut, aber auf ihren Grundmauern hat man 1757 unter Fürst Josef Friedrich die Wallfahrtskirche errichtet. Sie ist zwar recht einfach gehalten, besitzt aber noch eine Glocke in der so genannten Zuckerhutform aus der Zeit um 1200. Die Wallfahrtskirche ist von Mai bis Oktober sonn- und feiertags von 12 bis 17 Uhr geöffnet.

Nun gehen wir wieder zurück und halten uns an der Verzweigung mit dem blauen Dreieck rechts in Richtung »Hechingen«. Gleich darauf am Querweg bei dem kleinen, in historischem Stil errichteten Pumpwerk biegen wir nach rechts ab. Nun spazieren wir auf breitem Forstweg, bis wir nahe an den Waldrand kommen. Hier biegen wir mit der blauen Raute nach links ab (Burg Hohenzollern). Es geht noch eine Weile auf dem Forstweg weiter, dann werden wir zur Burg nach links auf einen Pfad verwiesen. Nun geht es steil empor bis zu der Rundbastion, die direkt vor dem gebührenpflichtigen Parkplatz liegt.

Wer den gebührenpflichtigen Parkplatz meiden will, parkt weiter unten auf dem kostenlosen Parkplatz. Ab hier sind hin und zurück etwa 2 Kilometer und zusammen rund eine dreiviertel Stunde mehr zu rechnen.

■ **Länge:**
Etwa 5 ½ Kilometer.

■ **Zeit:**
Etwa 1 ½ Stunden (ohne Burg Hohenzollern).

■ **Einkehrmöglichkeiten:**
Parkplatz, Burg.

17 Eine parkartige Landschaft

Auf den Raichberg

Auf den Raichberg zieht es die Menschen aus verschiedenen Gründen. Zum einen natürlich wegen der Aussicht, die man sowohl vom Aussichtsturm wie auch von verschiedenen Felsen aus hat. Zum anderen gibt es hier mit dem Nägelehaus des Schwäbischen Albvereins ein beliebtes Wanderheim.

Der **Raichberg** (956 m) ist eine Kuppe auf der Albhochfläche inmitten einer recht urtümlichen und teilweise parkartig wirkenden Landschaft mit Wacholderheiden und prächtigen Weidbuchen. An einzelnen Stellen wächst der Gelbe Enzian, und auch den herrlich duftenden wilden Thymian findet man auf den Blumenwiesen. Richtung Norden hat man vom **Backofenfelsen** aus einen herrlichen Blick auf das Schloss Hohenzollern, ebenso vom **Zeller Horn.**

Vor oder nach der Tour kann man im nahen Onstmettingen noch das **Philipp-Matthäus-Hahn-Museum,** Albert-Sauter-Straße 15, besichtigen. Es ist dem bedeutenden Erfinder-/Mechanikerpfarrer gewidmet und befindet sich im restaurierten Gebäude der romanischen Johanneskirche (um 940). Auskunft erhält man unter Telefon (0 74 32) 1 60-10 50 oder 2 32 80.

Vom Raichbergturm hat man einen herrlichen Blick.

■ **Ausgangspunkt:**
Parkplatz beim Nägelehaus, nördlich von Albstadt-Onstmettingen.

■ **Wegverlauf:**
Wir gehen zuerst zum Aussichtsturm, der direkt hinter dem Nägelehaus steht.

Das **Nägelehaus** (956 m, Auskunft unter Telefon 0 74 32/2 17 15) wurde 1928 als Wanderheim des Schwäbischen Albvereins erbaut und nach Prof. Dr. Eugen Nägele, einem Mitbegründer des Vereins, benannt. Gleichzeitig wurde der 22 Meter hohe **Turm,** von dem aus man eine herrliche Aussicht über den Großen Heuberg und zum Hohenzollern hat, in Betonbauweise errichtet.

Dann folgen wir dem Wiesenweg weiter nach Norden bis zum Steilabfall mit dem Backofenfelsen. Von hier aus hat man verschiedene Möglichkeiten. Ein Abstecher führt uns am Trauf entlang nach rechts zum Hangenden Stein.

Beim **Hangenden Stein** durchziehen tiefe Risse den Boden und ein aufklaffender Spalt wird von einem Brückchen überwunden – hier löst sich der Albtrauf allmählich auf und irgendwann wird es einen Bergrutsch geben. So kann man auch verstehen, dass die Schwäbische Alb einst bis in die Gegend von Stuttgart gereicht hat. Außerdem gibt es hier schöne Aussichten.

Danach gehen wir retour zum Backofenfelsen. Wer noch nicht zurück will, folgt hier dem Weg am Trauf entlang weiter. Es geht erst hinab, dann nach rechts (Norden) hinein in den Wald und in zehn Minuten zum Zeller Horn, von dem aus man den wohl berühmtesten Blick auf die Burg Hohenzollern hat.

Zurück folgen wir nach dem Wald dem mit der roten Raute markierten Weg bis kurz vor den Zollersteighof, wo wir nach links abbiegen. Man geht ein paar Minuten eben weiter, dann steigt der Weg an und bringt uns durch den Wald, dann über Wiesen zurück zum Nägelehaus.

■ **Länge:**
Rundweg über Zeller Horn etwa 3 ½ Kilometer, Abstecher zum Hangenden Stein etwa 1 Kilometer.

■ **Zeit:**
Rundweg etwa 1 Stunde, Abstecher etwa ½ Stunde.

■ **Einkehrmöglichkeiten:**
Nägelehaus, Zollersteighof.

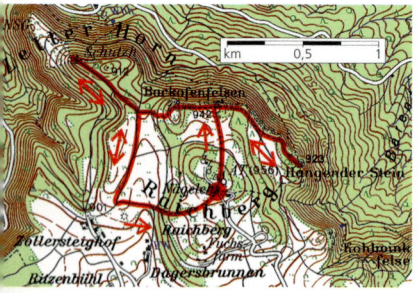

18 Urwelt und Mittelalter

Steinzeithöhlen und eine Ruine in Veringenstadt

Veringenstadt ist nicht nur ein nettes altes Städtchen mit einem prächtigen Stadtbild (s. S. 162), es besitzt auch eine Burgruine und bereits in Urzeiten besiedelte Höhlen, an deren frühere Bewohner die Skulptur eines Neandertalers erinnert. Naturfreunde besuchen vielleicht eher den »Naturpfad lebendige Lauchert«. Hier werden eine kurze und eine längere Tour beschrieben.

■ **Ausgangspunkt:**
Veringenstadt.

■ **Wegverlauf:**
Wir beginnen unseren Ausflug am Strübhaus, wo es auf der anderen Straßenseite einen Parkplatz gibt. Auf den Parkplatz stößt man, wenn man von Norden kommend ins Zentrum fährt. Dann gehen wir mit dem Zeichen gelbe Gabel die Straße Kirchberg hinauf, kommen zur Kirche und sehen dahinter schon die Ruine.

Die **Burg Veringen** (etwa 675 m) wurde Anfang des 12. Jahrhunderts von den damals bedeutenden Grafen von Veringen erbaut. Sie hatten sogar Zugang zu den Königen. Später verarmten sie jedoch und über Heinrich wurde gar die Reichsacht verhängt. Die Burg wurde 1633 von den Schweden zerstört. Heute sind noch größere Reste der Bu-

ckelquaderburg mit Mauern, Resten des Wohnturms und die Burgkapelle erhalten.

Nach der Besichtigung folgen wir der Straße Kirchberg weiter und haben einen herrlichen Blick auf das Dächergewirr der Stadt. Dann geht es auf dem Burgweg weiter. Oben können wir mit dem gelben Winkel nach links einen Abstecher zur Göpfelsteinhöhle machen, ansonsten wandern wir auf dem Sträßchen weiter. Kurz danach nehmen wir den mit dem Zeichen gelbe Raute nach links abzweigenden Naturpfad, der uns anfangs über den schmalen Bergrücken führt. Danach kommen wir zu einem Haus mit einem Sendemasten, nach dem es auf den nächsten Masten zu geht.

Wo links der Wald aufhört, können wir, wenn wir nur einen kurzen Spaziergang unternehmen wollen, nach links abbiegen. Kurz vor der

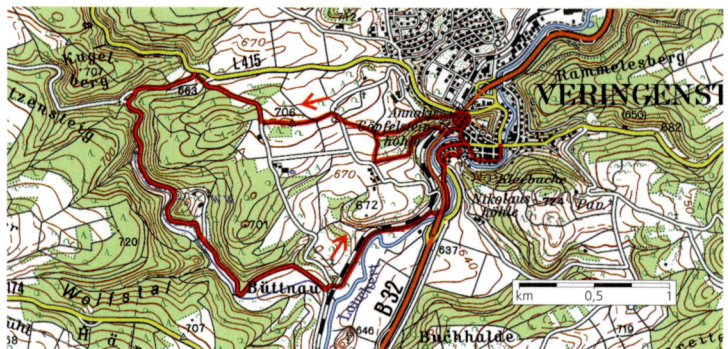

Gebäudegruppe biegen wir mit dem Zeichen nach links ab und wandern auf einem schmalen Naturweg hinab ins Laucherttal, halten uns links und sehen, bevor wir die Bahngleise überqueren, die Große und die Kleine Hagentorhöhle. Danach erreichen wir die ersten Häuser. Wir halten uns rechts bis zur Durchgangsstraße an der Lauchertbrücke, nach links kommen wir zum Strübhaus zurück. Man kann auch hinter der Durchgangsstraße den ausgeschilderten »Naturpfad lebendige Lauchert« nehmen, der geringfügig länger ist. Wer sich für die Höhlen interessiert, überquert die Brücke nach rechts, biegt dahinter links ab und kommt zum Höhleninformationszentrum und zu weiteren Höhlen. Im Höhleninformationszentrum sehen wir eine lebensgroße Nachbildung eines Bären sowie ausführliche Erlärungen zur Entstehung und früheren Nutzung der Höhlen.

Bei der längeren Tour geht man zu dem zweiten Sendemasten und hält sich hier rechts. Hinter der Kuppe nehmen wir den Weg nach links und marschieren bis zu einem Asphaltsträßchen hinter einem Wäldchen, wo wir nach rechts abbiegen. Bergab gehend kommen wir fast bis zur Landstraße. Wo unsere Straße in deren Richtung abknickt, halten wir uns mit dem Zeichen links und marschieren auf den Wald zu. Nach knapp zehn Minuten biegen wir mit dem Zeichen gelbe Gabel nach links ab in das stille Büttnauer Tal. Durch dieses Tal kommen wir ins Laucherttal, wo wir uns mit dem Zeichen gelbes Dreieck links halten und zurück nach Veringenstadt spazieren.

■ **Länge:**
Kurze Tour etwa 1 ½ Kilometer, lange Tour etwa 6 Kilometer.

■ **Zeit:**
Kurze Tour etwa 1 ½ Stunden, lange Tour etwa 2 Stunden.

■ **Einkehrmöglichkeiten:**
Veringenstadt.

19 Idyllische Täler und eine Ruine

Von Gammertingen zur Ruine Baldenstein

Bei diesem Spaziergang gehen wir ein Stück durch das Lauchert-und das Fehlatal. Beide sind idyllische Täler mit einem nach alter Art mäandrierenden Flüsslein. Bei diesem Vorschlag haben wir zwei Möglichkeiten, eine kürzere und eine längere. Bei der längeren Tour startet man am besten am Parkplatz bei der Kläranlage.

■ **Ausgangspunkt:**
Gammertingen.

■ **Wegverlauf:**
Wir gehen von der Durchgangsstraße (B 32) aus hinab zur Lauchert und zum ehemaligen Schloss, das heute als Rathaus dient. Dahinter biegen wir nach links ab und gehen immer links der Lauchert weiter. An einer querenden, vorfahrtsberechtigten Straße überqueren wir die Lauchert und spazieren nach der Brücke auf der linken Flussseite weiter. Wir verlassen den Ort und kommen zu einem Parkplatz, wo wir ebenfalls starten könnten. Hinter dem Parkplatz gehen wir nach rechts zur Kläranlage und dort mit dem Zeichen gelbe Gabel den Berg hinauf. Gleich danach müssen wir rechts abzweigen, kurz darauf nach links.

Nun spazieren wir auf einem Naturweg bis zu einem Querweg, halten uns rechts zum Waldrand und hier links. Kurz darauf stehen wir vor

dem Wald und biegen nach links in den breiten Forstweg ein. Es steigt kurz an, wir verlassen den Wald und spazieren über die Felder, bis unser markierter Weg nach rechts abknickt. Er bringt uns in den Wald, in dem wir erst geradeaus gehen, dann beschreibt der Weg einen Rechts-links-Knick und bringt uns nach rechts zur Ruine Baldenstein.

Das 1138 erbaute, so genannte **Schloss Baldenstein** (Altes Schloss, 712 m) befand sich ursprünglich wohl im Besitz der Grafen von Gammertingen. Die recht kleine Burg brannte um 1150 ab, die Reste wurden im 20. Jahrhundert von einer Bundeswehrkompanie gesichert. Bei Grabungen 1963/65 fand man Figuren eines Tric-Trac-Spiels (Backgammon) und Schachfiguren aus Geweih (11. Jahrhundert). Heute sind nur noch wenige Mauerreste übrig. Hier hat man eine prächtige Aussicht ins Fehlatal.

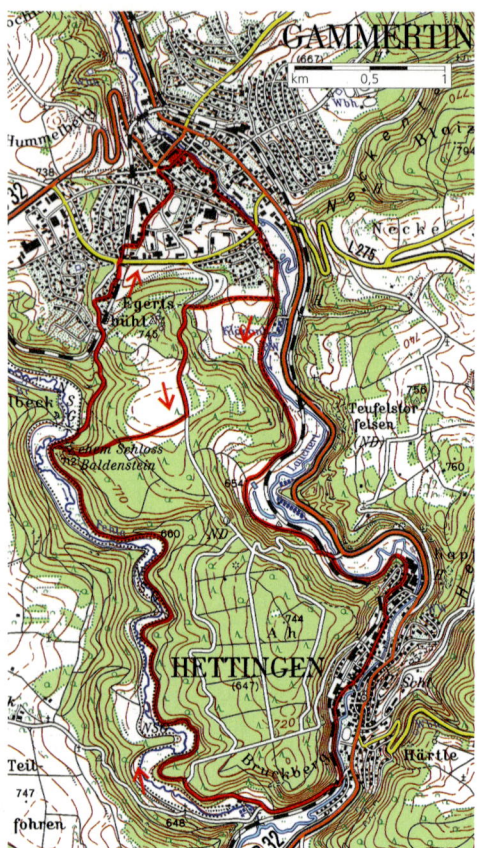

weise nach Gammertingen.

Bei der kürzeren Variante biegen wir nach rechts ab und halten uns nach wenigen Minuten an der Verzweigung mit dem Zeichen gelbe Raute rechts. Es steigt an, bis wir vor der Bahnlinie sind. Wir spazieren nach rechts kurz an den Schienen entlang, dann überqueren wir sie. Danach kommen wir auf der Straße hinab. Nach einigen Minuten weist uns das Zeichen nach rechts in die Wohnstraße.

Wir gehen bald parallel zu den Gleisen, unterqueren eine Landstraße und biegen kurz danach, bevor unser Weg in eine Straße einmündet, scharf nach rechts ab und überqueren die Gleise. Kurz danach halten wir uns links. Nun geht es immer geradeaus, erst durch das Gewerbegebiet, dann zwischen Wohnhäusern hindurch. Links sehen wir bald eine kleine Wegkapelle mit einer fast lebensgroßen Kreuzigungsszene. Die Straße führt bergab und mündet in eine andere; hier biegen wir nach rechts ab und spazieren zurück zum Schloss. Wer an der Kläranlage ge-

Wir steigen vor der Ruine steil hinab ins Tal; nun müssen wir uns entscheiden. Etwas länger ist der Weg nach links. Wir spazieren hierbei mit vielen Windungen durch das Fehlatal, bis es ins Laucherttal einmündet, und halten uns dann links. Wir kommen durch Hettingen und wandern auf dem Radweg anfangs parallel zur Bahnlinie nach Norden zurück zum Parkplatz beziehungs-

parkt hat, geht wie oben beschrieben dorthin.

In **Gammertingen** (662 m, Auskunft: Stadt Gammertingen, Hohenzollernstraße 5, 72501 Gammertingen, Telefon 0 75 74/4 06-0) fand man Spuren menschlicher Besiedlung bereits ab der späten Bronzezeit. Von damals stammt auch ein Grab mit außergewöhnlich reichen Beigaben, außerdem hat man ein reich ausgestattetes Fürstengrab aus der Alamannenzeit ausgegraben. Später führte eine Römerstraße durch den Ort. Er wurde 1101 beim Tod des Grafen Ulrich von Gammertingen erstmals erwähnt, kam um 1250 an die Grafen von Veringen und 1524 an Dietrich von Speth zu Zwiefalten. 1806 übernahmen die Hohenzollern die Hoheit.

Das ehemalige **Neue Schloss** derer von Speth ist heute das Rathaus. Es wurde 1776 bis 1777 nach Plänen von Pierre Michel d'Ixnard in einer Stilmischung von Barock und Klassizismus erbaut und ist mit barocken Figuren von Johann Georg Weckenmann aus Haigerloch geschmückt. Es besitzt ein von Säulen getragenes Treppenhaus mit einem Fresko von 1777. Vor dem Schloss stehen steinerne Skulpturen. – Die **Kirche Sankt Leodegar** wurde

Gemächlich darf die Lauchert hier durch die Wiesen mäandern.

1803/04 im Stil des Klassizismus nach Plänen von Michel d'Ixnard erbaut. Der Turm stammt aus dem 16. Jahrhundert. In der Kirche sind Grabsteine der Familie von Speth zu sehen. – In der mittelalterlichen **Michaelskapelle** befindet sich das Grab der Grafen von Gammertingen. Die Kapelle besitzt einen schönen Schnitzaltar von 1674. – Auf die Speth geht auch das mächtige **Amtshaus** am Marktplatz (Anfang 18. Jahrhundert) zurück.

■ **Länge:**
  Kurze Tour etwa 6 ½ Kilometer, lange Tour etwa 10 ½ Kilometer.

■ **Zeit:**
  Kurze Tour etwa 1 ½ Stunden, lange Tour etwa 3 Stunden.

■ **Einkehrmöglichkeiten:**
  Gammertingen.

■ **Grillmöglichkeit:**
  Ruine.

20 Ständig geöffnet

Der Augstbergturm

Das sehenswerte Trochtelfingen hat noch eine schöne alte Bausubstanz aufzuweisen (s. S. 155). Und wenn man schon hier ist, dann sollte man auch den nahen Augstbergturm besuchen.

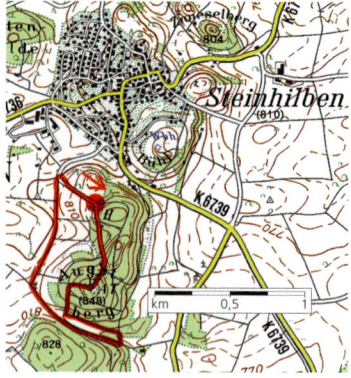

■ **Ausgangspunkt:**
  Trochtelfingen-Steinhilben.

■ **Wegverlauf:**
  Man fährt hierzu nach Steinhilben und folgt dort der Beschilderung zum Turm. Am Waldrand befindet sich ein Parkplatz, von dem man in leichtem Bergauf zum Turm spazieren kann.

Der 1963 errichtete **Augstbergturm** (849 m) ging aus einem 1894 auf-

Vom Augstbergturm aus hat man einen weiten Blick über die Albhochfläche.

gestellten Gerüst hervor. Der Turm ist ständig geöffnet, das Augstbergstüble von Mitte April bis Mitte November an Sonn- und Feiertagen.

Am Turm folgen wir dem nach Westen weisenden Schild in Richtung »Neuban«. Nach kurzem Abstieg knickt unser Weg nach links ab. Hinter dem Wald gehen wir nach links durch die lang gestreckte Schneise, dann wieder in den Wald und hier kurz darauf nach rechts. Dann folgen wir dem querenden Schotterweg nach rechts. Rund 700 Meter weiter zweigt an einem kleinen Feldkreuz nach rechts ein

Sträßchen ab, dem wir bis zu der Zufahrtsstraße zum Turm folgen. Diese Zufahrtsstraße bringt uns zurück zum Ausgangspunkt.

■ **Länge:**
Etwa 3 Kilometer.

■ **Zeit:**
Etwa 1 Stunde.

■ **Einkehrmöglichkeit:**
Augstbergstüble beim Turm (falls geöffnet).

■ **Grillmöglichkeit:**
Kurz nach dem Parkplatz.

21 Ein »Muss« auf der Alb

Vom Kornbühl zum Dreifürstenstein

Die Salmendinger Kapelle auf dem Kornbühl zählt zu den beliebtesten Fotomotiven der Schwäbischen Alb. Ein kurzer Weg führt zur Kapelle hinauf. Von oben hat man einen prächtigen Blick über die Albhochfläche. Wer diesen Ausflug noch etwas erweitern will, kann zum Dreifürstenstein spazieren, der weitere schöne Blicke über das Albvorland bis zum Schwarzwald bietet.

■ **Ausgangspunkt:**
Parkplatz unterhalb des Kornbühls bei Burladingen-Salmendingen.

■ **Wegverlauf:**
Wir parken, von Salmendingen kommend, auf dem ersten Parkplatz unterhalb des Kornbühls. Von hier aus führt ein Kreuzweg hinauf zu der Kapelle.

Der **Kornbühl** (886 m) auf dem Heufeld ist ein ehemaliger Umlaufberg. Der auch als Delta-Zeugenberg bezeichnete Schwammstotzen aus dem Jurameer konnte wegen seiner Härte von den Naturkräften nicht abgetragen werden. Mit seinen Eschen, Ahornbäumen, Ulmen, Linden, Buchen und der kleinen Wacholderheide steht er als »artenschutzwirksame Zelle« seit 1983 unter Naturschutz. Aufgrund seiner Steilheit und der beinahe kreisrunden Form herrschen hier besondere klimatische Verhältnisse. Vor allem auf der Südseite bieten diese Gegebenheiten einer Vielzahl seltener und vom Aussterben bedrohter Tierarten, insbesondere aus der Insektenwelt, ideale Lebensbedingungen. Auf dem Kornbühl stehen die aus unzähligen Bildbänden bekannte Sankt-Anna- oder Salmendinger Kapelle und drei schwarze Holzkreuze. Bei der 1507 erstmals erwähnten Kapelle hauste wohl ab 1705 ein Eremit; seine erst 1872 abgegangene Klause stand in der Vertiefung östlich der drei Kreuze. In der Nähe findet man im Frühjahr den »Märzenbrunnen«, einen temporären Schmelzwassersee.

Dann gehen wir wieder hinab und folgen am Parkplatz dem nach rechts parallel zur Straße führenden Weg,

Blick zur Salmendinger Kapelle

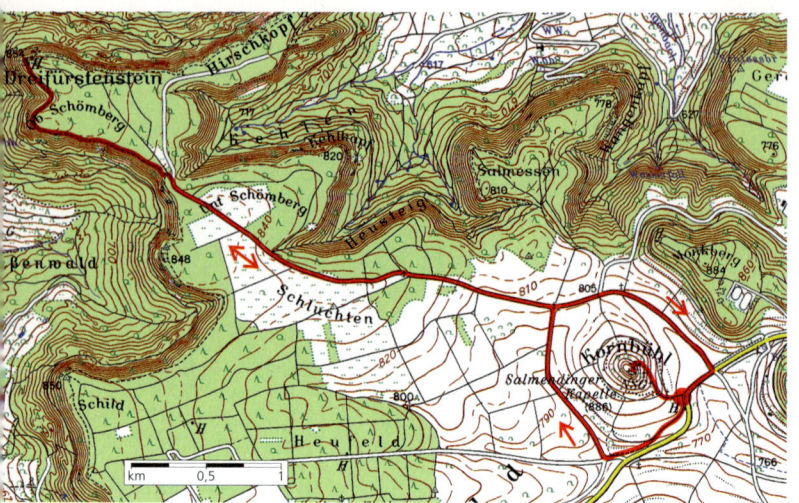

der uns zu einem weiteren Parkplatz bringt. Hier biegen wir nach rechts ab. Nach etwa einem Kilometer treffen wir auf einen mit der roten Gabel markierten Querweg, dem wir nach links folgen. Nach rund zweieinhalb Kilometern kommen wir in den Wald. Hier wechseln wir auf den nach links in fast derselben Richtung weiterführenden Weg, der uns am Trauf entlang in rund zwanzig Minuten zum Dreifürstenstein bringt.

Am **Dreifürstenstein** (854 m) stießen vom 17. Jahrhundert bis 1806 die Fürstentümer Zollern, Fürstenberg und Württemberg zusammen. Nach einer Sage trafen sich an dieser Stelle die drei Fürsten zu einer Beratung und jeder konnte auf seinem Grund sitzen. Man hat eine prächtige Aussicht auf die Westalb, den Hohenzollern, das Albvorland und den Schwarzwald.

Zurück gehen wir auf demselben Weg, biegen aber vor dem Kornbühl nicht nach rechts ab, sondern folgen dem Sträßchen, das uns an der Nord- und Ostseite des Hügels vorbei zum Ausgangspunkt bringt. Wer den Spaziergang abkürzen will, kann vom Kornbühl aus in Richtung Dreifürstenstein auch bis zu einem Wanderparkplatz fahren.

■ **Länge:**
Etwa 11 Kilometer, vom Wanderparkplatz aus etwa 6 Kilometer.

■ **Zeit:**
Etwa 3 Stunden, vom Wanderparkplatz aus etwa 1½ Stunden; zur Salmendinger Kapelle etwa ½ Stunde zusätzlich.

22 Kälterekorde und Ausflugs-Hit

Wetterstation und Bärenhöhle

Die Bärenhöhle mit dem »Traumland« gehört zu den beliebtesten Ausflugszielen der Alb. Vor allem natürlich für Kinder, aber auch für Erwachsene wird ein (erneuter) Besuch in der Höhle interessant sein. Bei dem hier empfohlenen Spaziergang rund um den Hügel mit der Bärenhöhle kommen wir ins Große Rinnental, wo an der Wetterstation schon deutsche Kälterekorde gemessen wurden.

■ **Ausgangspunkt:**

Bärenhöhle, nördlich der Straße von Sonnenbühl-Erpfingen zur B 313.

■ **Wegverlauf:**

Wir können entweder direkt an der Höhle oder am Parkplatz davor, wo das Zufahrtssträßchen nach links abknickt, parken. Hinter diesem vorderen Parkplatz gehen wir mit dem Zeichen gelbes Dreieck auf dem Gönninger Weg in den Wald. Wir spazieren immer nach Norden, auch dort, wo der von der Bärenhöhle kommende, mit der roten Gabel markierte Weg in unseren einmündet. Schließlich treffen wir auf ein asphaltiertes Sträßchen, dem wir nach links folgen. Gleich darauf kommen wir zu einer Kreuzung und biegen nach links ab. Rechts sehen wir die Klimastation im Großen Rinnental, zu der wir hingehen und die Beschreibung lesen können.

Das **Große Rinnental** (735 m) ist unter Meteorologen berühmt, denn hier wurden schon Kälterekorde aufgestellt. In manchen Strahlungsnächten mit klarem Himmel befand sich hier der Kältepol Deutschlands! Winters waren es schon bis zu vierzig Grad minus und auch im Sommer wurden schon minus fünf Grad gemessen. 200 Tage mit Bodenfrost sind es im jährlichen Durchschnitt.

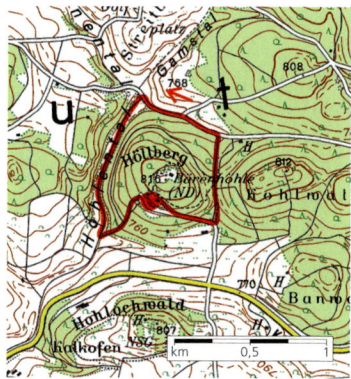

Anschließend folgen wir dem Weg nach Süden durch das Höhlental. Am Ende des links liegenden Waldes nehmen wir den Weg, der scharf nach links ansteigend in den Wald führt. Das Wanderzeichen sehen wir erst später. Nach ein paar Minuten Anstieg zweigt unser Wanderweg nach rechts ab und bringt uns zur Bärenhöhle. Wer auf dem unteren Parkplatz geparkt hat, spaziert auf der Zufahrtsstraße hinab.

Die auf 271 Meter begehbare **Bärenhöhle** (798 m) zählt zu den beliebtesten Ausflugszielen der Schwäbischen Alb. Die Karlshöhle war bereits im Mittelalter bekannt,

wurde dann »vergessen« und 1834 wieder entdeckt. 1949 hat man eine Fortsetzung mit den berühmten Bärenknochen gefunden, die Bärenhöhle. Mit zur Beliebtheit bei Kindern trägt sicherlich der Freizeitpark Traumland bei, den man in unmittelbarer Nähe besuchen kann. Auskunft gibt es unter Telefon (0 71 28) 6 35.

■ **Länge:**
Etwa 3 Kilometer.

■ **Zeit:**
Etwa 1 Stunde.

■ **Einkehrmöglichkeit:**
Bärenhöhle.

23 Aussichtsturm und Aussichtsfelsen

Vom Roßberg zum Bolberg

Der 28 Meter hohe Aussichtsturm auf dem Roßberg ist ein beliebtes Ausflugsziel, kann er doch sogar angefahren werden. Wir sollten auf jeden Fall den Turm besteigen; danach lockt das Wanderheim des Albvereins zu einer Einkehr. Wer will, kann hier sogar übernachten – wo sonst kann man schon in einem Turm schlafen? Die hier beschriebene kurze Tour führt hinüber zum Bolberg, der uns ebenfalls eine schöne Aussicht bietet.

■ **Ausgangspunkt:**
Genkingen beziehungsweise Roßberg.

■ **Wegverlauf:**
Es gibt verschiedene Möglichkeiten, zum Roßberg zu gelangen.

Wer sich bewegen will, folgt in Genkingen der Beschilderung zum »Roßberg« und stellt sein Fahrzeug auf dem Wanderparkplatz am Ortsende ab. Nach dem Parkplatz kann man die Straße abkürzen, indem man mit dem Zeichen rotes Dreieck über den Rinderberg marschiert. Danach geht es auf dem Sträßchen an den Fuß des Roßbergs, wo man auf der Straße oder dem direkteren Wanderweg zu Aussichtsturm und Wanderheim aufsteigen kann. Man kann auch an den Fuß des Roßbergs fahren und hier parken oder sogar ganz oben, wenn dort ein Parkplatz frei ist.

Auf dem **Roßberg** (869 m) stehen ein **Aussichtsturm** (in dem man sogar übernachten kann) und ein Wanderheim des Schwäbischen Albvereins. Der heutige Turm ging aus einem Holzskelettturm hervor und wurde 1913 erbaut. Hinter ihm findet man das **Quenstedtdenkmal,** das an den geologischen Erforscher der Alb, Friedrich August Quenstedt (1809–1889), erinnert. Das Wanderheim ist unter Telefon (0 70 72) 70 07 zu erreichen.

Vom Roßberg aus kann man auch zum Bolberg gelangen, was aber, vor allem, wenn man in Genkingen gestartet ist, bereits mehr als ein kurzer Ausflug ist. Hierbei biegen wir am Parkplatz am Fuß des Berges, vom Roßberg kommend, mit dem roten Dreieck nach rechts ab. Es geht hinab zu einer Kreuzung, dann nach rechts zu einer weiteren Kreuzung. Nun halten wir uns links, am nächsten Weg rechts. Der Forstweg steigt langsam an und zieht nach links. Später beschreibt er eine scharfe Rechtskurve; hier weist die Markierung geradeaus weiter. Nun steigt es steil an. Etwas später überqueren wir den Rafnachgraben nach rechts, erreichen einen Forstweg und biegen nach links ab. Bei dessen

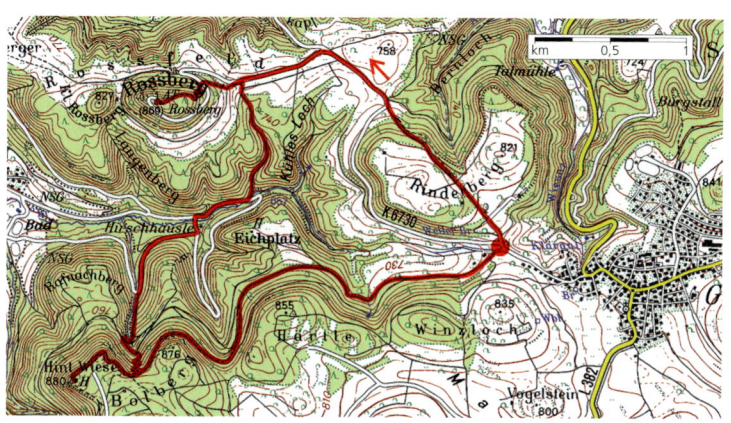

Typisch für die Schwäbische Alb: Schafe, Schafe, Schafe

Linkskurve gleich darauf steigen wir geradeaus weiter, nun auf einem Pfad, steil hinauf bis zum Trauf. Wir biegen nach rechts ab und spazieren vorbei an einem Aussichtspunkt zum Trauf.

Zurück zum Roßbergparkplatz gehen wir denselben Weg. Wer in Genkingen gestartet ist und dorthin zurück muss, geht ebenfalls ein kleines Stück zurück, biegt aber nicht scharf nach links ab, sondern spaziert auf dem mit der roten Gabel markierten Weg durch den Wald zurück nach Genkingen.

■ **Länge:**
Genkingen – Roßberg etwa 3 ½ Kilometer; Roßberg – Bolberg und zurück etwa 7 Kilometer; Genkingen – Roßberg – Bolberg – Genkingen etwa 11 Kilometer.

■ **Zeit:**
Genkingen – Roßberg etwa 1 ½ Stunden; Roßberg – Bolberg etwa 2 ½ Stunden; Genkingen – Roßberg – Genkingen etwa 3–4 Stunden.

■ **Einkehrmöglichkeiten:**
Roßberg, Genkingen.

24 Ein schwäbisches Märchenschloss

Vom Lichtenstein zum Gießstein

Das »Märchenschloss« Lichtenstein gehört zu den markantesten Ausflugszielen der Schwäbischen Alb. Wer es besichtigen will, sollte möglichst früh am Tag anreisen, wenn der Besucherandrang vielleicht noch nicht ganz so groß ist.

Das **Schloss Lichtenstein** (820 m) ist wohl eines der bekanntesten Fotomotive der Schwäbischen Alb, außerdem eine der merkwürdigsten literarischen Besonderheiten des Landes, das sich ja seit jeher seiner Dichter und Denker rühmt. Die Stelle, an der die spärlichen Reste der Vorgängerburg standen, wurde bekannt durch den 1826 erschienenen Roman »Lichtenstein« von Wilhelm Hauff. Das Schloss war aber nicht das reale Vorbild der Geschichte von der Vertreibung des ungeliebten Herzogs Ulrich, der sich vor seinen Verfolgern angeblich auch in der Nebelhöhle versteckt haben soll, es wurde nämlich erst 1839 bis 1842 im Stil des Historismus erbaut. So provozierte der Roman hier den Bau eines Schlosses – etwas, was in Deutschland wohl nicht allzu häufig vorgekommen sein dürfte! Nur in Schottland soll es Schlösser geben, die nach den Vorlagen der historischen Romane von Walter Scott – dem Vorbild Hauffs – errichtet wurden.

Eine erste Burg anstelle des heutigen Schlosses entstand in der Zeit von 1100 bis 1150 durch die Herren von Lichtenstein. 1311 im Reichskrieg gegen Graf Eberhard I. wurde sie das erste Mal zerstört, ein weiteres Mal im selben Jahrhundert durch die Reichsstadt Reutlingen. Ende des 14. Jahrhunderts kam sie an Württemberg. Während das »alte« Lichtenstein nach 1311 in seinen Trümmern liegen blieb, wurde diese Burg erneuert. 1802 ließ König Friedrich von Württemberg einen Teil der baufälligen Burg abbrechen und einen Fachwerkbau erstellen; die Anlage wurde nun fürstliches Jagdhaus und Sitz eines Revierförsters. 1837 erwarb Herzog Wilhelm von Urach, Graf von Württemberg, den Besitz und ließ 1839 bis 1842 das heutige Schloss erbauen. Bezahlt wurde es vor allem aus dem Vermögen seiner Frau. Die heutige Anlage besteht aus drei Teilen: dem ausgelagerten Forsthaus, dem großen Vorbereich und dem von dem seinerzeit berühmten

Architekten Karl Alexander Heideloff erbauten Schloss selbst. Auskunft ist unter Telefon (0 71 29) 41 02 erhältlich.

■ **Ausgangspunkt:**
Schloss Lichtenstein.

■ **Wegverlauf:**
Zuerst können wir südlich des Schlosses zum Trauf mit dem Hauff-Denkmal und der Geologischen Pyramide, vielleicht auch noch bis zur Ruine Alt-Lichtenstein gehen. An allen Punkten hat man eine prächtige Aussicht ins Echaztal und zu den gegenüberliegenden Höhen der Schwäbischen Alb.

Die **Ruine Alt-Lichtenstein** wurde 1377 zerstört. Herren von Lichtenstein sind schon 1182 genannt worden. – Auf dem Weg zur Ruine kommt man am **Hauffdenkmal** (1842) und der 1903 errichteten **Geologischen Pyramide** vorbei. Sie zeigt die Schichten der Schwäbischen Alb vom Schwarzen bis zum Weißen Jura. Von hier aus hat man einen prächtigen Blick ins Echaztal.

Anschließend gehen wir zurück zum Schloss; am Eingang beginnt der mit dem roten Dreieck bezeichnete Wanderweg zum »Gießstein«. Wir halten uns an der Verzweigung am Alten Forsthaus rechts, an der nächsten Kreuzung gehen wir geradeaus durch. Nun wandern wir in heftigem Auf und Ab, im Wald, am Waldrand entlang und über Wiesen, über den Linsenbühl und den Breitenstein zum Gießstein. Hier bietet sich eine prächtige Aussicht. Zurück gehen wir denselben Weg.

Wer will, kann jedoch noch eine kleine Runde drehen. Hierzu hält man sich am Gießstein links, erst etwas bergab, dann eben, am Trauf entlang bis zu dem Sträßchen, das vom Tal her kommt (Kalkofen/Goldloch). Links davon liegt die Kalkofenhütte, hinter ihr ein Spiel- und Grillplatz. An der Hütte vorbei wandern wir auf dem Sträßchen weiter. Etwas später beschreibt es einen Rechts-,

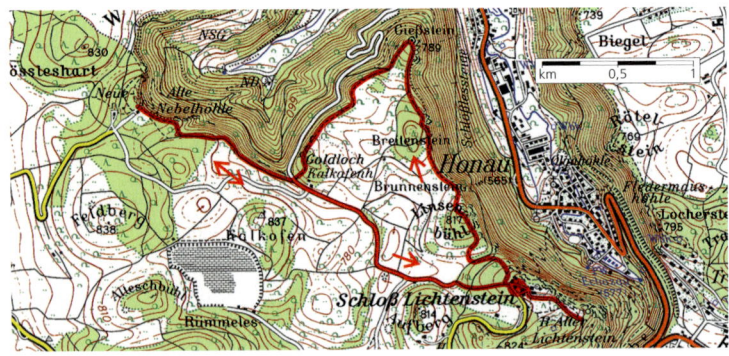

dann einen Linksknick und bringt uns zurück zum Parkplatz.

Wer noch weiter gehen möchte, folgt am Kalkofen auf der anderen Straßenseite dem Wanderweg, der zur »Nebelhöhle« führt. Er bringt uns zu der großen Wiese oberhalb der Höhle, die Schauplatz des alljährlich stattfindenden Nebelhöhlenfestes ist.

Die etwa 380 Meter lange **Nebelhöhle** (808 m) ist eine der bekanntesten Höhlen der Alb. Sie entstand wie auch die anderen Höhlen im Kalktuff durch die Auflösung des Kalksteins und die mechanische Ausräumung durch Wasser. Der in der Höhle fließende Höhlenbach verlagerte sich später in tiefere Lagen. Die Höhle wurde so zur Trockenhöhle, in der sich prächtige Tropfsteine bilden konnten. Die alte Nebelhöhle wurde bereits 1486 erwähnt, bekannter wurde sie aber erst, als Kurfürst Friedrich I. sie 1803 besuchte beziehungsweise sich ein Teil von Wilhelm Hauffs Bestsellerroman »Lichtenstein« in ihr abspielte. Nach der Sage soll sich nämlich Graf Ulrich auf seiner Flucht hier aufgehalten haben. Die neue Höhle wurde 1920 entdeckt. Jedes Jahr am Pfingstmontag findet das Nebelhöhlenfest statt. Auskünfte unter Telefon (0 71 28) 6 05 oder 9 25-18.

Zurück gehen wir bis zum Kalkofen auf demselben Weg, dann wie oben beschrieben weiter.

Schloss Lichtenstein

■ **Länge:**
Gießstein und zurück etwa 4 Kilometer; Rundtour über Kalkofen etwa 5 Kilometer; Erweiterung zur Nebelhöhle etwa 2 ½ Kilometer mehr.

■ **Zeit:**
Etwa 2 Stunden; Rundtour über Kalkofen etwa 2 ½ Stunden; Erweiterung zur Nebelhöhle etwa 45 Minuten mehr.

■ **Einkehrmöglichkeiten:**
Schloss Lichtenstein, Kalkofen, Nebelhöhle.

■ **Grillmöglichkeit:**
Kalkofenhütte.

25 Erinnerung an harte Zeiten

Bauernhausmuseum Ödenwaldstetten

Der Höhepunkt dieses Ausflugs ist das Bauernhausmuseum Ödenwaldstetten. Eine Besichtigung kann man mit einem Spaziergang in die umgebende Natur abrunden. Außerdem bietet sich der Ort zu einer Einkehr an. Wer Kinder dabei hat, kann ihnen in der Nähe noch das »Kindernaturschutzgebiet« zeigen.

■ **Ausgangspunkt:**
Hohenstein-Ödenwaldstetten.

■ **Wegverlauf:**
Zuerst besichtigen wir das Bauernhausmuseum.

Während der Führungen durch das sehenswerte Bauernhausmuseum **Ödenwaldstetten** wird Interessantes aus dem bäuerlichen und handwerklichen Leben in früheren Zeiten auf der Schwäbischen Alb

erklärt. Im Freilandbereich wurde ein Bauerngarten mit alten und neuen Kulturpflanzen der Alb, darunter auch selten gewordene Heil- und Gewürzpflanzen, angelegt. Außerdem sieht man den Unterschied zwischen einer Trockenwiese (Mäder) und einer Wirtschaftswiese (Öhmdwiese). Auskunft: Bürgermeisteramt Hohenstein, Im Dorf 14, 72531 Hohenstein, Telefon (0 73 87) 15 51.

Damit ist ein Tag aber noch nicht ausgefüllt. Ein schöner Spaziergang beginnt direkt am Museum. Wir gehen dazu auf dem Zufahrtssträßchen zum Museum weiter. Es knickt bald nach rechts ab und bringt uns mit leichtem Auf und Ab und vorbei an einem Wäldchen zu einem Feldkreuz, wo der mit der gelben Raute markierte Wanderweg nach links abgeht. Wir spazieren noch kurz geradeaus weiter und biegen nach 200 Metern nach rechts ab. Rund zehn Minuten später treffen

Immer interessant: ein Besuch im Bauernhausmuseum in Ödenwaldstetten

wir auf ein Sträßchen, auf dem wir nach rechts zurück nach Ödenwaldstetten gelangen.

Wer Kinder dabei hat, kann ihnen noch etwas Besonderes bieten. Man fährt auf der Straße in Richtung Eglingen bis zum links liegenden Parkplatz Hüttenstuhlburren. Hier befindet sich ein »Kindernaturschutzgebiet«. Dass es hier einen gut ausgestatteten Spielplatz und eine Grillmöglichkeit gibt, sei nur am Rande erwähnt. Interessant sind vor allem die Einrichtungen zum Beobachten und spielerischen Verstehen der Natur. So findet man eine Höhle mit einem kleinen Kletterfelsen und überdimensionale Nistkästen, in denen Kinder selbst erproben können, wie man sich als kleiner Vogel fühlen mag.

- **Länge:**
  Etwa 4½ Kilometer.

- **Zeit:**
  Etwa 1½ Stunden.

- **Einkehrmöglichkeiten:**
  Ödenwaldstetten.

- **Grillmöglichkeiten:**
  Museum und Parkplatz Hüttenstuhlburren.

73

26 Vom Museum zum Aussichtsturm

Von Offenhausen auf den Sternberg

Bei diesem Ausflug erleben wir zwei unterschiedliche Sehenswürdigkeiten. Wir besuchen zuerst in Offenhausen die Lauterquelle und das Gestütsmuseum. Dann steigen wir auf zum Sternberg, wo sich ein Aussichtsturm des Schwäbischen Albvereins befindet.

■ **Ausgangspunkt:**
Gomadingen-Offenhausen.

■ **Wegverlauf:**
Links neben dem Gestütsgasthof befindet sich ein Parkplatz. Zuerst schauen wir uns am besten in der Anlage um.

In **Offenhausen** (665 m, Auskunft: Tourist-Information, Marktplatz 2, 72532 Gomadingen, Telefon 0 73 85/96 96-33) befand sich das Frauenkloster Gnadenzell. Es wurde 1258 von den Grafen von Lupfen als Frauenkloster gestiftet, 1278 vom Dominikanerorden aufgenommen und 1537 aufgelöst. 1575 wurde es in einen Gestütshof für Pferde und Esel umgewandelt, um 1600 folgte eine Schäferei. Noch Ende des 17. Jahrhunderts hat man hier Maultiere gezüchtet. Die Blütezeit des Gestüts war unter Herzog Carl Eugen, als es hier 36 Mutterstuten und 88 Fohlen gab. In der 1280 erbauten Kirche

befindet sich heute das Museum. Es wird die Geschichte des Gestüts dargestellt; man sieht Kutschen, Geschirre und Sättel, außerdem die Geschichte der Pferdezucht in Württemberg sowie die Geschichte der Bettelorden. Auskunft ist unter Telefon (0 73 85) 8 84 oder 96 96-0 erhältlich. – Neben der Anlage liegt der Quelltopf der Großen Lauter, eine der großen und seltenen Karstquellen.

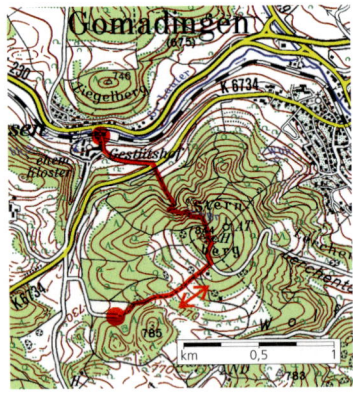

Wir folgen dem bergauf führenden Sträßchen, das mit dem Wanderzeichen gelbes Dreieck in Richtung »Sternberg« weist. Kurz darauf überqueren wir die Straße und steigen dahinter im Wald weiter an. Nach einem querenden Forstweg geht es auf einem Pfad weiter. Bei einem links liegenden Felsen sollten wir einen Abstecher nach links zum »Aussichtspunkt Brünnele« machen, dann aber wieder zum Abzweig zurückkehren. Kurz darauf überqueren wir einen weiteren Forstweg, gleich danach sind wir oben am Wanderheim. Links davon steht der Aussichtsturm. Zurück gehen wir auf demselben Weg.

Im **Sternberg** (844 m) steckt ein Schlot des Schwäbischen Vulkans, dessen Basalt man einst abgebaut hat. Der 32 Meter hohe **Aussichtsturm** ging aus einem Gerüst hervor, das 1894 in einer alten Weidbuche eingebaut wurde. Ihm folgte 1905 ein Turm, 1953 ein neuer. Der Sockel des alten Turmes wurde dann zum **Wanderheim** umgebaut.

Kürzer ist der Weg zum Sternberg, wenn wir die Straße von Gomadingen nach Bernloch nehmen und den ausgeschilderten Parkplatz Sternberg anfahren. Von hier aus folgen wir dem Weg, der in Verlängerung des Parkplatzes in den Wald führt

In der Kirche des Klosters Offenhausen befindet sich das Gestütsmuseum.

und uns immer nach Nordwesten hinauf zu Wanderheim und Aussichtsturm bringt.

🟧 **Länge:**
Von Offenhausen etwa 3 Kilometer; vom Parkplatz etwa 2 Kilometer.

🟧 **Zeit:**
Von Offenhausen 1 ½ Stunden, vom Parkplatz 45 Minuten.

🟧 **Einkehrmöglichkeiten:**
Offenhausen,   Wanderheim Sternberg (falls geöffnet; Telefon 0 73 85 / 17 90 oder 17 23).

27 Vom Gestüt zur Gedenkstätte

Marbach und Grafeneck

Wir besuchen bei diesem Ausflug zwei völlig unterschiedliche Sehenswürdigkeiten. Zuerst lockt das bekannte Gestüt Marbach. Anschließend wandern wir zum Schloss Grafeneck, das während des »Dritten Reiches« eine unrühmliche Rolle gespielt hat. Daran erinnert eine Gedenkstätte mit »Alphabet-Garten«.

🟧 **Ausgangspunkt:**
Gomadingen-Marbach.

🟧 **Wegverlauf:**
Zuerst besichtigen wir das Gestüt.

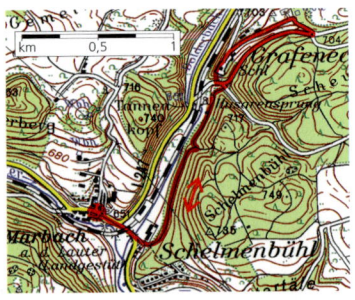

In **Marbach an der Lauter** (650 m, Auskunft: Haupt- und Landgestüt Marbach, 72532 Gomadingen, Telefon 0 73 85 / 96 95-0) befindet sich das berühmte staatliche Gestüt, zu dem die Gestütshöfe in Offenhausen, Sankt Johann und Güterstein gehören. Es wurde bereits 1554 im Lagerbuch von Münsingen erwähnt.

Der spätere Herzog Eberhard begann 1460 in Einsiedel bei Tübingen mit der Pferdezucht. Da dort der Platz nicht ausreichte, wurde die Zucht auf einen Gutshof nahe Hohenurach und später unweit von Marbach verlegt. Außerdem wurde bei der ehemaligen Kartause Güterstein ein Fohlenhof eingerichtet. Herzog Ludwig versuchte 1590 erfolglos, eine Maultierzucht zu gründen, die allerdings in Offenhausen noch länger betrieben wurde. Unter seiner Herrschaft erhielt Marbach 1573 auch die Funktion als Hof- und Landgestüt. Der Marbacher Gestütshof wurde 1602 angelegt. Zu Beginn des 18. Jahrhunderts lag die Pferdezucht wieder am Boden. Danach blähte sie Herzog Carl Eugen überdimensional auf, und auch der erste württembergische König Friedrich I. förderte sie, um Reitpferde für eine schlagkräftige Truppe zu bekommen. König Wilhelm I. bestimmte Marbach zum Landgestüt und gliederte die Gestütshöfe Offenhausen, Sankt Johann und Güterstein an.

Nach dem Zweiten Weltkrieg wurde die Zucht dann auf Reitpferde umgestellt.

Auch Pferde verdienen ein Denkmal!

Heute stehen den rund fünfhundert Pferden fast tausend Hektar zur Verfügung. Berühmt ist die Zucht der Vollblutaraber. Ein Pferd hat sich besonders um das Gestüt verdient gemacht: Julmond. Der 1938 geborene Trakehnerhengst kam infolge der Wirren nach dem Zweiten Weltkrieg aus Ostpreußen fort und gelangte 1960 nach Marbach.

Hier wurde er der Stammvater der nach dem Krieg aufgenommenen Zucht von Reitpferden und Vater von 140 Nachkommen. Ihm wurde sogar ein Denkmal gesetzt. Ein weiterer berühmter Hengst war der legendäre Schimmel Habdan Enzahi (1952–1975). Bis 1975 war er der Hauptbeschäler des Gestüts, und seine Nachkommen leben heute auf der ganzen Welt verstreut. Das Gestüt kann kostenlos besichtigt werden. Öffnungszeiten: 8 bis 12 und 13 bis 17 Uhr. Sehr beliebt sind die alljährlich im Frühherbst stattfindenden Hengstparaden, bei denen die Pferde und ihre Betreuer zeigen, was sie können.

Nach der Besichtigung folgen wir der Straße nach Osten bis zum Abzweig nach Münsingen. Auf der anderen Seite befindet sich ein großer Parkplatz. Wir gehen von hier aus vorbei an der Landesreitschule zum Waldrand; hier halten wir uns an der Station Uranus des Planetenweges mit dem Zeichen gelbes Dreieck links und spazieren am Waldrand entlang. Nach rund einer Viertelstunde treffen wir auf einen breiten Weg, dem wir nach links zu einem Sträßchen folgen. Wir befinden uns nun direkt unterhalb des Schlosses. Jetzt können wir entweder kurz nach links gehen und dann rund 400 Meter weit steil aufsteigen zum Schloss und der Gedenkstätte, oder wir folgen dem leicht aufwärts führenden Sträßchen, bis nach links die Zufahrtsstraße zum Schloss abgeht.

Eine Burg an der Stelle des heutigen **Schlosses Grafeneck** (693 m) wurde bereits 1274 genannt. Die Herren von Grafeneck waren Ministerialen der Grafen von Urach. Die Anlage wurde um 1450 von den Württembergern gekauft, Herzog Christoph ließ um 1560 ein Jagdschloss errichten, das unter Herzog Carl Eugen 1765 barock umgebaut wurde. Damals erhielt die Anlage sogar ein Opernhaus und einen Park; dies alles wurde aber bereits 1800 wieder abgetragen.

Das Schloss diente seit 1929 als Behindertenheim. 1939 beschlagnahmten die Nationalsozialisten die Einrichtung und die Bewohner mussten Grafeneck verlassen. In der Nähe der landwirtschaftlichen Gebäude wurde dann eine Tötungsanstalt zur Durchführung der Euthanasie angelegt, in der die Opfer vergast wurden. Insgesamt waren es 10 654 Kranke und behinderte Menschen, die aus verschiedenen Anstalten aus Württemberg, Baden und Bayern kamen und hier ermordet wurden. In Anlehnung an eine Erzählung aus der jüdischen Mystik wurde von der amerikanischen Künstlerin Diane Samuels eine Gedenkstätte der besonderen Art konzipiert. Hinter ihr liegt der »richtige« Friedhof. In den beiden großen Gräbern wurden 250 Urnen mit der Asche der Ermordeten bestattet.

Zurück gehen wir denselben Weg.

■ **Länge:**
Etwa 6 Kilometer.

■ **Zeit:**
Etwa 1 ½ bis 2 Stunden.

■ **Einkehrmöglichkeit:**
Marbach.

Blick vom Sternberg

28 Kurzer Ausflug mit Blick ins Tal

Zur Ruine Hohenhundersingen

Ein Besuch der Ruine Hohenhundersingen zählt zu den kleineren Spaziergängen, die man im Lautertal unternehmen kann. Die Ruine streckt ihren Turm einem Zeigefinger gleich in die Höhe.

Der Weg zur Ruine Hohenhundersingen

■ **Ausgangspunkt:**
Münsingen-Hundersingen.

■ **Wegverlauf:**
Wir folgen von der Durchgangsstraße aus dem mit dem gelben Dreieck markierten Wanderweg hoch zur Kirche, an der wir rechts zur Ruine Hohenhundersingen vorbeigehen. An der Ruine halten wir uns links und steigen hinauf zu einem Parkplatz. Hier folgen wir dem Sträßchen, das nach links wieder hinab ins Lautertal führt. Wer die Ruine nur mit einem kurzen Hinweg besuchen will, fährt auf dem nördlich vom Ort hochführenden Sträßchen zum Parkplatz oberhalb der Ruine.

Die Hundersinger wurden im 12. Jahrhundert mehrfach erwähnt. Aus dieser Zeit stammt auch die **Ruine Hohenhundersingen** (690 m). Im 13. Jahrhundert gehörte sie

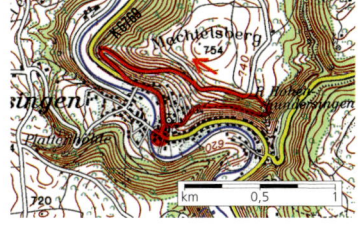

zeitweise den Habsburgern, 1530 wurde sie zerstört. Heute sieht man vor allem noch den Buckelquader-Bergfried mit dem in rund sechs Meter Höhe liegenden Eingang. Er besitzt eine außergewöhnliche Form, denn er weist nur einen einzigen rechten Winkel auf.

- **Länge:**
  Etwa 2 ½ Kilometer.

- **Zeit:**
  Etwa 1 Stunde.

29 Eine Ruine und viel Aussicht

Von Bichishausen auf die Höhe

Die Ruine Bichishausen war einer von vielen Adelssitzen im Lautertal. Wenn man an der Ruine vorbei auf die Albhochfläche spaziert, hat man einen herrlichen Blick auf das Örtchen mit seiner Zwiebelturmkirche und hinab ins Lautertal. Den Rückweg nimmt man direkt im Tal, meist der Lauter entlang.

- **Ausgangspunkt:**
  Münsingen-Bichishausen.

- **Wegverlauf:**
  Wir zweigen von der durch das Lautertal führenden Straße nach Westen ab und folgen im Ort der Ehestetter Straße in Richtung »Steighöfe«. Gleich darauf können wir nach rechts zur Ruine Bichishausen aufsteigen.

Die **Ruine Bichishausen** (etwa 640 m) über dem gleichnamigen Dorf gehörte erst den Grafen von Achalm, ab dem 13. Jahrhundert den in der Gegend begüterten Gundelfingern. Die typische Schildmauerburg wurde wohl ab Anfang des 13. Jahrhunderts erbaut und hatte danach verschiedene Besitzer. Im 16. Jahrhundert dauerten die Arbeiten zwar noch an, aber ab etwa

81

1550 begann der Verfall. Im oberen Burghof liegen der ehemalige Palas und der aus sauber behauenen Buckelquadern erbaute Bergfried (etwa 1200). Die Schildmauer ist rund dreieinhalb Meter stark.

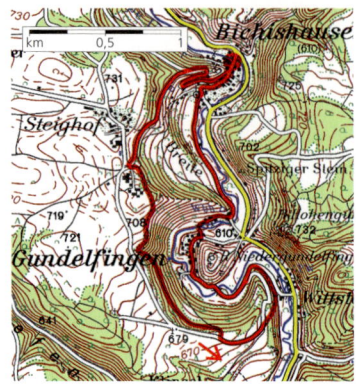

Anschließend spazieren wir auf dem Sträßchen weiter hinauf. Nun haben wir herrliche Blicke ins Lautertal und hinab nach Bichishausen. Auf der Höhe treffen wir auf die Klammerkreuz-Hütte, biegen mit dem Zeichen gelbe Raute nach links ab, gehen erst ein paar Meter bergab und dann nach rechts am Trauf entlang. Schließlich treffen wir wieder auf ein Sträßchen, dem wir abwärts nach Gundelfingen folgen. Hier spazieren wir im Lautertal auf dem nach Norden führenden Rad- und Wanderweg zurück nach Bichishausen.

Im Ort kann man sogar Boote leihen, um auf der Lauter zu paddeln.

■ **Länge:**
Etwa 6 Kilometer.

■ **Zeit:**
Etwa 2 Stunden.

Blick auf Bichishausen und das Lautertal

30 Blick ins Lautertal

Von Hohen- nach Niedergundelfingen

Das Lautertaldörfchen Gundelfingen hat gleich zwei Adelssitze aufzuweisen. Im Tal liegt auf einem Umlaufberg die Burg Niedergundelfingen. Sie ist auch heute noch bewohnt und kann nur von außen bewundert werden. Trotzdem lohnt sich der kurze Abstecher von der Durchgangsstraße aus.

■ **Ausgangspunkt:**
Münsingen-Gundelfingen.

■ **Wegverlauf:**
Wir folgen dem Sträßchen in Richtung Dürrenstetten. Nach wenigen Minuten werden wir nach rechts zur Ruine Hohengundelfingen verwiesen. Nun geht es auf einem Steig weiter bis zur Ruine.

Die **Ruine Hohengundelfingen** (725 m), eine der beeindruckendsten Ruinen des Lautertales, liegt auf einem mächtigen Kalkfelsen. Man sieht beachtliche renovierte Reste der wohl im 12. Jahrhundert erbauten und vielleicht schon im

14. Jahrhundert zerstörten Burg. Die Gundelfinger waren vermutlich die bedeutendsten Herren im Lautertal und wurden 1293 ein letztes Mal auf der Burg erwähnt. Um 1300 ist die Burg an die Habsburger verkauft worden. Heute sieht man den wieder hergerichteten Bergfried mit staufischen Buckelquadern, der einen prächtigen Blick ins Lautertal bietet, sowie zahlreiche Mauerreste.

Nach der Besichtigung gehen wir weiter, hinab nach Wittsteig und von hier aus auf dem Sträßchen zurück nach Gundelfingen. Wer möchte, hält sich vor dem Abzweig nach Dürrenstetten links und spaziert an der Lauter entlang um den Umlaufberg herum. Außerdem kann man sich jetzt die Anlage Niedergundelfingen näher ansehen.

Die Ende des 11. Jahrhunderts erbaute **Burg Niedergundelfingen** war vermutlich die Stammburg der

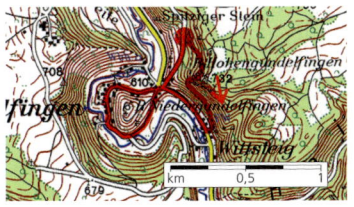

Blick von der Ruine Hohengundelfingen ins Lautertal

Gundelfinger. Man kann das Vorgelände und den Zwinger besichtigen, der Rest ist privat.

■ **Länge:**
Etwa 2 Kilometer.

■ **Zeit:**
Etwa 1 Stunde.

■ **Einkehrmöglichkeit:**
Wittsteig.

31 Natur, ein Städtchen und zwei Ruinen

Vom Lautertal nach Hayingen

Hayingen, so klein es auch ist, weist doch städtische Züge auf. Man sieht alte Fachwerkhäuser und einen Stadtmauerrest (s. S. 143). Wir spazieren von einem herrlichen Park- und Rastplatz im Lautertal hinauf zu dem Städtchen auf der Albhochfläche.

■ **Ausgangspunkt:**
Wanderparkplatz bei Hayingen-Anhausen.

■ **Wegverlauf:**
Wir folgen in Anhausen der Beschilderung ins Lautertal und zum Wanderparkplatz. Nun gehen wir mit dem Zeichen rotes Dreieck links von der Fachwerkscheune in Richtung Hayingen in den Wald. Es geht erst hoch zum Hof Maisenburg, dann

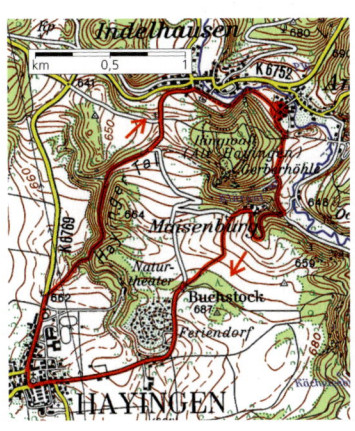

über die Felder nach links nach Hayingen. Vor dem Ort kommen wir am Feriendorf Lauterdörfle vorbei, dann ins Zentrum. Am Marktplatz biegen wir nach rechts ab und spazieren an der Kirche vorbei zur Durchgangsstraße, auf der wir den Ort verlassen. Nach der evangelischen Kirche (ehemalige Katharinenkapelle) überqueren wir einen Kreisverkehr. Dahinter nehmen wir den von der Landstraße nach rechts wegziehenden Weg, der uns durch das Hayinger Tal hinab nach Indelhausen bringt.

In Indelhausen gehen wir nicht ganz vor bis zur Landstraße, sondern folgen, vorbei am Wanderparkplatz, dem Wander- und Radweg nach Anhausen. Dieses Dorf lassen wir aber ebenfalls links liegen und marschieren weiter rechts der Lauter. Gleich nach der Kläranlage sollten wir nach rechts hinaufsteigen zur Ruine Maisenburg.

Die **Ruine Maisenburg** (etwa 620 m) stammt aus dem 11. Jahr-

85

hundert. Seit 1820 war sie dem Verfall preisgegeben, vor einigen Jahren wurden jedoch die Reste gesichert. Die Ruine weist noch eine beachtliche Schildmauer, zum Teil mit Buckelquadern, auf.

Zurückgekehrt sind wir gleich am Parkplatz. Hier ist an schönen Som-

mertagen meist viel los und Kinder plantschen sogar im Wasser.

Auf der Rückfahrt können wir kurz vor Anhausen halten und nach rechts hoch zur Ruine Schülzburg steigen.

Die **Schülzburg** (etwa 610 m) soll im 12. Jahrhundert errichtet worden

Prächtig renoviertes Fachwerkhaus an der Lauter

sein. Ab 1452 war sie die Stammburg der Herren von Speth. 1605 wurde ein Renaissance-Schloss erbaut, das 1884 vom Feuer zerstört wurde. Es sind noch der mittelalterliche Palas, der im 16. Jahrhundert erstellte Wohnbau und der nördliche Eckturm erhalten.

■ **Länge:**
Etwa 6 ½ Kilometer.

■ **Zeit:**
Etwa 2 Stunden.

■ **Grillmöglichkeit:**
Parkplatz.

32 Für Kinder ein bleibendes Erlebnis

Von der Höhle zur Kirche

Bei diesem Spaziergang starten wir bei der Wimsener Höhle, der einzigen Wasser führenden Höhle Deutschlands, die mit einem Nachen befahren werden kann. Schon dies wird für Kinder ein bleibendes Erlebnis sein. Auch dass man kurz danach Forellen füttern kann, wird ihnen gefallen. Mehr für kunstsinnige Erwachsene ist das Ziel der Tour, die herrliche Klosterkirche in Zwiefalten.

■ **Ausgangspunkt:**
Wimsener Höhle, nördlich von Zwiefalten.

■ **Wegverlauf:**
Die Höhle sollte man am besten gleich zu Beginn besichtigen. In ihrer Umgebung findet man einige kleinere Wasserfälle.

Die seit einem Besuch von Kurfürst Friedrich im Jahr 1803 auch Friedrichshöhle genannte **Wimsener Höhle** (557 m) kann als einzige aktive Wasserhöhle Deutschlands auf rund siebzig Metern mit einem Nachen befahren werden. Seit Friedrichs Besuch ist über dem Portal auf einer Steintafel der folgende Satz in Latein zu lesen: »Dankbar begrüßt den hohen Besuch die hier waltende Nymphe, fröhlicher fließt hier nun, dir Friedrich, die rauschende Ach.« Das Wasser ist bis zu drei Meter tief. Auskunft gibt es unter Telefon (0 73 73) 29 13. Das Gasthaus stammt von 1817, die Bannmühle geht auf das 16. und 17. Jahrhundert zurück. Sie gehörte dem Kloster Zwiefalten bis zu dessen Auflösung 1802.

Dann folgt man der Beschilderung ins zu Recht so bezeichnete »romantische Achtal«. Der nach Süden führende Weg verläuft erst oberhalb, dann neben der Zwiefalter Ach und bietet uns gleich zu Beginn eine markante Felsenge mit hohen Felsen. Schließlich erreichen wir einen Gumpen mit schönem, grünblauem Wasser und Forellen. Anschließend verlassen wir den Wald und kommen nach Gossenzugen.

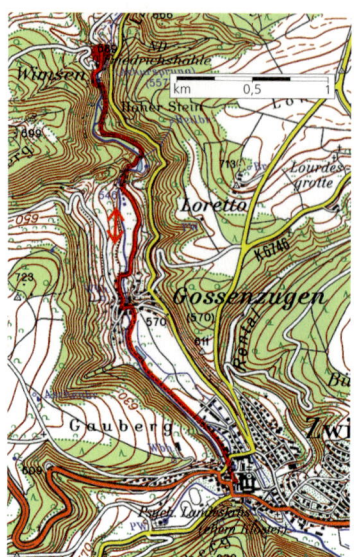

Auf der Lauterbrücke

Hier knickt der Weg nach links ab und führt hinter der Ach nach rechts und neben dem Bach her nach Zwiefalten. Wo wir auf eine vorfahrtsberechtigte Straße treffen, halten wir uns rechts und kommen zur B 312, vor der wir rechts einen großen Bildstock mit einer beeindruckenden Kreuzigungsszene sehen. Zum Kloster und zur Kirche geht es nach links (s. S. 165). Zurück nehmen wir denselben Weg.

- **Länge:**
  Etwa 3 ½ Kilometer.

- **Zeit:**
  Etwa 1 Stunde.

- **Einkehrmöglichkeiten:**
  Wimsener Höhle, Zwiefalten.

33 Aussichtsfels und Segelflugplatz

Vom Wanderheim Eninger Weide auf den Roßberg

Einkehren bei dieser Tour kann man am Wanderheim Eninger Weide des Schwäbischen Albvereins und am Gestütshof Sankt Johann, wo auch ein Blick in die Pferdeställe erlaubt ist. Dann spazieren wir zum Roßberg – nicht zu verwechseln mit dem gleichnamigen Berg bei Sonnenbühl-Genkingen –, auf dem wir mehrere herrliche Aussichtsfelsen finden. Für Kurzweil sorgt hier der Segelflugbetrieb.

■ **Ausgangspunkt:**
 Wanderheim Eninger Weide, nahe der Straße von Eningen unter Achalm nach Sankt Johann.

■ **Wegverlauf:**
 Wir gehen von der Nordseite des Wanderheims aus mit dem Zeichen blaue, später rote Gabel immer nach Osten, dann nach Nordosten. Dabei kommen wir am Wolfsfelsen, am Grünen Fels und am Wiesfels vorbei und erreichen schließlich den Roßfels, danach den Olgafels. Nun kann man auf demselben Weg zurückspazieren.
 Wer will, macht noch einen Abstecher zum Gestütshof Sankt Johann. Hier kann man Pferde bestaunen und einkehren. Wir folgen hierzu auf dem Rückweg dem Zeichen rote Gabel, wobei wir erst den bekannten Weg benutzen. Nach

dem Grünen Fels, dem letzten Aussichtspunkt, knickt unser Weg nach links ab. Gleich darauf treffen wir auf einen breiten Forstweg, dem wir

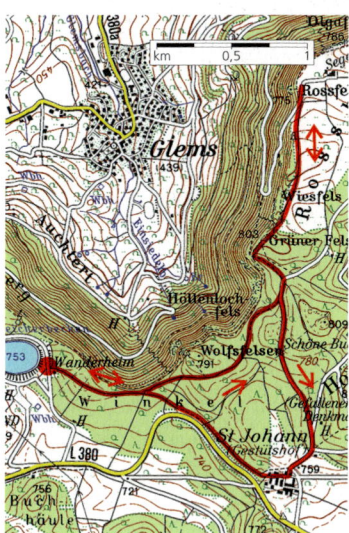

Markante Felsstotzen auf dem Roßberg

nach rechts in Richtung »Sankt Johann« folgen. An der Verzweigung am Waldrand halten wir uns rechts und kommen in wenigen Minuten zum Gestütshof.

Der **Gestütshof Sankt Johann** (764 m) ist Teil des Haupt- und Landgestüts Marbach. Zu ihm gehört auch der vorgelagerte Fohlenhof. Die ersten Fohlenställe wurden von Herzog Wilhelm Ludwig 1674 errichtet. 1817 wurden sie verstaatlicht. Die Ställe können besichtigt werden.

Wir durchqueren die Anlage nach rechts und folgen kurz vor der Straße der blauen Gabel nach rechts. Anfangs parallel zur Straße gehend erreichen wir bald wieder den Weg, den wir vom Anfang noch kennen, und spazieren nach links zum Wanderheim.

■ **Länge:**
Olgafels und zurück etwa 8 Kilometer, über Sankt Johann etwa 9 ½ Kilometer.

■ **Zeit:**
Olgafels und zurück etwa 2 ½ Stunden, über Sankt Johann etwa 3 Stunden.

■ **Einkehrmöglichkeiten:**
Wanderheim Eninger Weide, Gestütshof Sankt Johann.

34 Zum Schwäbischen Vulkan

Floriansberg und Jusi

Mit zwei kurzen Spaziergängen kann man zu den beiden Resten des berühmten »Schwäbischen« oder »Uracher Vulkans« aufsteigen. Belohnt wird man mit einer prächtigen Aussicht.

■ **Ausgangspunkt:**
Parkplatz vor Kohlberg/Neuffen-Kappishäusern.

■ **Wegverlauf:**
Wenn man von Metzingen aus in Richtung Kappishäusern fährt, liegt vor Kappishäusern links der Straße in Richtung Sportplatz ein Parkplatz. Wir spazieren von hier aus an den Sportplätzen vorbei in den Wald. Etwa 300 Meter nach Waldbeginn halten wir uns links und gehen hinauf auf den »Gipfel« des Floriansbergs. Anschließend kehren wir zurück und gehen oder fahren in Richtung Kohlberg. Auch vom Weg aus haben wir einen prächtigen Blick nach Norden ins Albvorland. Vor Kohlberg liegt rechts ein Parkplatz. Von hier aus steigen wir hinauf auf den Gipfel des Jusi. Zurück gehen wir auf demselben Weg, oder wir biegen kurz vor der Hütte auf dem Gipfel nach rechts ab, wandern hinunter nach Kappishäusern und gehen von hier aus zum Parkplatz zurück.

Der **Jusi** (663 m) mit seiner guten Aussicht ist der größte Vulkanschlot des so genannten Schwäbischen Vulkans, der aus dem Jungtertiär stammt und von dem insgesamt schon 350 Schlote (oder Eruptionspunkte) gezählt wurden. Da die Schlote der Vulkane härter sind als das sie umgebende Material, leisteten sie der Erosion mehr Widerstand und blieben eher erhalten, während das weichere Gestein abgetragen wurde. Der Schlot Jusi ist mittlerweile fast freigelegt und nur noch durch einen schmalen Grat mit der Alb verbunden. Im Schlot findet man neben Basalttuff noch einen Basaltkern, was darauf hinweist, dass hier die vulkanische Glutmasse zwar

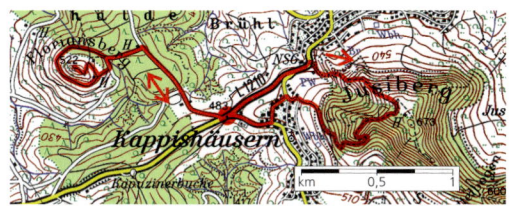

Winterlicher Blick vom Jusi auf das verschneite Albvorland

hochgestiegen, vor Erreichen der Oberfläche jedoch erkaltet ist. Da man ältere und jüngere Basalttuffe gefunden hat, gab es vermutlich mehrere Ausbrüche.

Wie der Jusi ist auch der **Floriansberg** (464 m), der seinen Namen von einer in der Reformation abgegangenen Florianskirche hat, ein Schlot des Schwäbischen Vulkans.

Auch er bietet eine prächtige Aussicht.

■ **Länge:**
Floriansberg etwa 4 Kilometer. Jusi ab Parkplatz Floriansberg etwa 3 Kilometer.

■ **Zeit:**
Etwa 2 Stunden.

35 Stadt und Burg

Von Neuffen zum Hohenneuffen

Der Ausgangspunkt Neuffen bietet ein schönes Ortsbild und zwei Museen (s. S. 153). Anschließend wandern wir durch Weinberge – eine Seltenheit auf der rauen Schwäbischen Alb – hoch zur Ruine Hohenneuffen, der größten Burgruine der Alb.

- **Ausgangspunkt:**
  Neuffen.

- **Wegverlauf:**
  Wir gehen vom Zentrum aus nach Süden und folgen dann der

Schlosssteige nach links. Das blaue Dreieck bringt uns aus dem Ort hinaus und in die Weinberge. Am letzten Querweg halten wir uns rechts, gleich danach links. Am Schild »Naturschutzgebiet« gehen

Die Ruine Hohenneuffen ist schon von weitem erkennbar.

93

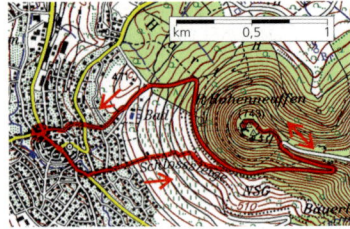

ten hoch in die Anlage. Nach der Besichtigung folgen wir erst dem Anstiegsweg, biegen aber nicht nach links in den steilen Weg ein, sondern gehen auf dem Sträßchen weiter, das erst relativ flach nach Norden führt, dann aber scharf nach links abknickt und uns hinab nach Neuffen bringt.

wir auf einem Pfad hoch in den Wald und folgen dem Sträßchen nach rechts aufwärts (auf dem Rückweg gehen wir hier nach links weiter). Der Weg beschreibt bald darauf einen scharfen Linksknick, kurz danach sind wir oben auf dem Zufahrtsweg zur Ruine (s. S. 97). Wir gehen nun in wenigen Minu-

■ **Länge:**
Etwa 6 Kilometer.

■ **Zeit:**
Etwa 2 ½ Stunden.

■ **Einkehrmöglichkeiten:**
Neuffen, Hohenneuffen.

36 Bauernhaus, Tante-Emma-Laden und Fotoatelier

Freilichtmuseum Beuren

Das Freilichtmuseum in Beuren ist eines der beiden sehenswerten Freilichtmuseen, die in diesem Buch besprochen werden. Auf dem großzügigen Gelände am Fuße der Alb sind zahlreiche wieder original aufgebaute Gebäude des ländlichen Raumes aus dem Mittleren Neckarraum und von der Schwäbischen Alb zu sehen, darunter auch solche mit altertümlichen Strohdacheindeckungen.

Die Häuser sind mit originalen Gegenständen aus verschiedenen Stil- und Zeitepochen eingerichtet, die ehemaligen Bewohner mit Bild und Beschreibung ihrer Lebensumstände vertreten. Es gibt einen Hausgarten, einen Museumsacker – und ein reichhaltiges Besucherprogramm mit vielen Veranstaltungen. Kinder werden sich an den hier gehaltenen

Der Eingangsbereich des Freilichtmuseums Beuren

Nutztieren erfreuen. In einem Tante-Emma-Laden, einem Kolonialwaren-laden von 1929, kann man wie zu Großmutters Zeiten einkaufen.

Der Zugang führt durch ein au-ßergewöhnlich reich ausgestattetes Bauernhaus aus Tamm (1726/1743), das sogar eine Stuckdecke besitzt. Man geht weiter zu einer Scheuer aus Gärtringen (um 1496), dem Häslacher Dorfrathaus (1787), einem Wohn-Stall-Haus aus Beuren (1528/1558), einem Wohnhaus mit Schreinerei aus Ohmenhausen (1763) und zu einem Weberhaus aus Laichingen (um 1677). Gezeigt wer-den zudem ein Back- und ein Back- und Waschhaus, ein Schweinestall,

eine Scheuer, eine Obstmühle, ein Hühnerstall, ein Viehunterstand, ein Kalkofen, ein Tagelöhnerhaus, ein Bienenhaus und ein Bienenwagen.

Außergewöhnlich für das sonst hier dokumentierte dörfliche Leben ist ein Fotoatelier, das in die Berufs-welt eines Fotografen um 1890 einführt. Sogar Hermann Hesse hatte sich von dem Fotografen vor der gemalten Kulisse der Burg Teck ablichten lassen! – Beim Parkplatz beginnt auch ein Bodenlehrpfad, der interessante Informationen über Geologie, Boden und Erde vermit-telt. – Auskünfte erhält man unter Telefon (0 70 25) 9 11 90 90 oder www.freilichtmuseum-beuren.de.

37 Die größte Ruine der Schwäbischen Alb

Der Hohenneuffen

Die Ruine Hohenneuffen ist die größte Burgruine der Schwäbischen Alb und hat eine bewegte Geschichte aufzuweisen. Sie ist heute noch eine interessante Anlage, von der aus man eine prächtige Aussicht auf die umliegende Alb hat.

■ **Ausgangspunkt:**
Parkplatz vor der Ruine beziehungsweise ab Erkenbrechtsweiler.

■ **Wegverlauf:**
Der einfachste und kürzeste Weg zum Hohenneuffen beginnt am Parkplatz direkt unter der Ruine. Von hier aus ist man in wenigen Minuten aufgestiegen zu der mächtigen Anlage, die eine prächtige Aussicht bietet; hier kann man auch

einkehren. Wer sich noch ein bisschen mehr die Beine vertreten will, geht entweder in Richtung Erkenbrechtsweiler zum Wilhelmsfelsen oder nach Süden, wo man ebenfalls Aussichtsfelsen findet.

Man kann die Ruine aber auch ab Erkenbrechtsweiler mit einem kleinen Spaziergang erobern. Hierzu nimmt man nördlich der Kirche hinter dem Rathaus die nach Westen führende Obere Straße. Später ist

Die Ruine Hohenneuffen wirkt uneinnehmbar.

der Weg mit dem roten Dreieck ausgezeichnet (Richtung »Wilhelmsfels/Hohenneuffen«). Am Ortsende zieht der Wanderweg nach rechts. Wir gehen am Trauf entlang, treffen auf die Straße, dann führt der Weg wieder nach rechts und wir kommen zum Wilhelmsfelsen, der uns einen prächtigen Blick zur Ruine Hohenneuffen bietet. Am Parkplatz kurz danach halten wir uns rechts und steigen hoch zu der mächtigen Anlage. Zurück geht es auf demselben Weg.

Die **Ruine Hohenneuffen** (743 m) ist die größte Ruine der Schwäbischen Alb. Bereits die Kelten besiedelten den weit ins Albvorland vorspringenden Berg. Seit dem 11. Jahrhundert war er Sitz der 1198 erstmals genannten Edelfreien von Neuffen, aus deren Geschlecht auch der Minnesänger Gottfried von Neuffen entstammte. Von 1301 bis 1801 war der Hohenneuffen eine der stärksten württembergischen Festungen und blieb 1312 im Reichskrieg und 1525 im Bauernkrieg uneingenommen. Nur 1519 ergab die Burg sich freiwillig dem Schwäbischen Bund, und im Dreißigjährigen Krieg kapitulierte sie 1635 nach 14 Monate dauernder Belagerung. Ab 1543 wurde sie von Herzog Ulrich zu einer so genannten Landesfestung ausgebaut. Von der heutigen Ruine stammen nur die Ringmauern aus dem Mittelalter, die das Erscheinungsbild bestimmenden runden Geschütztürme aber aus dem 16. Jahrhundert. Das Ende kam 1801/02, als die Burg auf Befehl der Franzosen geschleift wurde.

Vom 15. bis zum 18. Jahrhundert diente der Hohenneuffen auch als Staatsgefängnis. Prominente Häftlinge waren beispielsweise der Landtagsführer Konrad Breuning (1517), der Geheime Rat Matthäus Enzlin (1609) und Joseph Süß Oppenheimer (1737), an dem das Volk so grausame Rache nahm; der ungeliebte Herzog Karl Alexander, dem der Zorn eigentlich galt, war ja verstorben. Das letzte wichtige »Großereignis« war die Dreiländerkonferenz 1948, in der die Ministerpräsidenten der drei Nachkriegsländer die Weichen zum Zusammenschluss zu einem einheitlichen Südweststaat stellten.

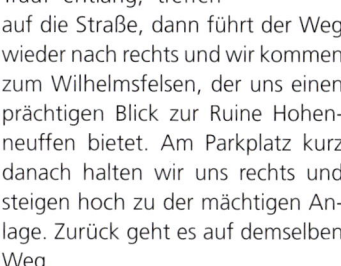

■ **Länge:**
Ab Erkenbrechtsweiler etwa 8 Kilometer.

■ **Zeit:**
Etwa 2 ½ Stunden.

■ **Einkehrmöglichkeiten:**
Erkenbrechtsweiler, Ruine.

38 Zur Wiege des Schwäbischen Albvereins

Auf die Teck

Einem geplanten Aussichtsturm auf der Teck hat der Schwäbische Albverein seine Entstehung zu verdanken. Dem Erbauer, dem Verschönerungsverein Kirchheim, ging nämlich das Geld aus und er schrieb Hilfe suchend an die anderen Verschönerungsvereine auf der Alb. Aus einer Zusammenkunft und gemeinschaftlicher Beratung entstand dann der Schwäbische Albverein.

■ **Ausgangspunkt:**

Parkplatz Hörnle, östlich von Owen unter Teck.

■ **Wegverlauf:**

Vom Parkplatz aus hat man bereits einen herrlichen Blick ins Albvorland. Dann wandern wir auf dem Forstweg hinauf zum Sattel vor der Burg, biegen nach rechts ab und spazieren in wenigen Minuten hoch zur Ruine.

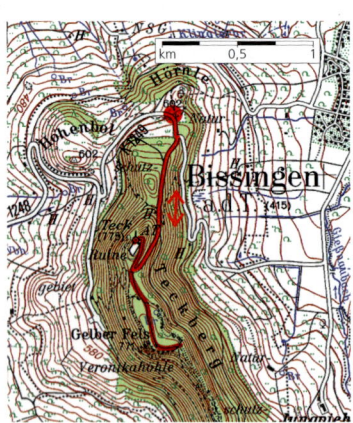

Der Bergsporn, der die **Burg Teck** (775 m) trägt, war schon in vorgeschichtlicher Zeit besiedelt. Man fand Spuren aus der Jungsteinzeit, der Bronze- und der Hallstattzeit. Zwischen 1135 und 1150 baute Konrad von Zähringen eine wahrscheinlich recht mächtige Burg. Die Zähringer waren ein Geschlecht, aus dem später die badischen Herrscher stammten. Sie mussten aber im Laufe der Zeit ihre Stellung vor den Württembergern und den Habsburgern räumen, später gehörte die Burg dann ganz zu Württemberg.

Kaiser Maximilian I. verlieh 1495 auf dem Wormser Reichstag Graf Eberhard im Bart – »Württembergs geliebtem Herrn« – Titel und Wappen eines Herzogs von Teck. Im Bauernkrieg 1525 wurde die Burganlage zerstört, danach gab es hier lange Zeit nur noch Viehzucht. – Erst 1889 wurde vom Verschönerungsverein Kirchheim ein Aussichtsturm

Burg Teck

Schafherde auf einer Wiese unterhalb der Teck

errichtet. Nachdem der Schwäbische Albverein 1941 die Anlage gekauft hatte, wurde sie zum Wanderheim ausgebaut.

Als Kuriosum ist zu vermerken, dass durch Mary Augusta (1867 bis 1953), Gräfin von Teck und Gemahlin von König Georg V. von Großbritannien (ab 1910), das Teck'sche Wappen ins englische Königshaus gelangte. – Gleich neben dem Burgeingang können wir in wenigen Minuten einen Abstecher zur sagenumwobenen Sybillenhöhle machen. Hier fand man 2000 Skelettreste von Höhlenlöwen und Höhlenbären.

Wer will, kann ab dem Sattel noch weiter nach Süden zum Gelben Fels mit seiner herrlichen Aussicht wandern. Zurück geht es auf dem Anmarschweg. – Auch Owen unter Teck, in dem man im Tal abgebogen ist, ist ein interessanter Ort.

Owen unter Teck (391 m) wurde 1085 erstmals genannt und gehörte bis 1385 den Zähringern, danach kam der Ort an Württemberg. Um 1200 wurde er unter den Herzögen von Teck zur Stadt erhoben und war die Stadtresidenz dieses Adelsgeschlechts, von der aus es den Verkehr durch das Tal überwachen konnte. Der Ort besaß früher eine starke Ummauerung. 1348 wurde hier eine Beginenklause genannt. Das klassizistische Rathaus steht auf dem Platz, an dem früher die Residenz der auf der Teck lebenden Zähringer lag.

Die gotische Marienkirche stammt aus dem 12. Jahrhundert und ist eine der ersten Staffelkirchen Württembergs. Sie weist eine mächtige Ummauerung auf und wurde 1385 umgebaut. Die Klangarkaden des aus Tuffstein errichteten romanischen Glockenturms stammen aus der zweiten Hälfte des 12. Jahrhunderts. Das Westportal ist reich profiliert und besitzt ein Rundfenster und eine steinerne Madonnenfigur. In der Kirche sind 13 Herzöge von Teck begraben, außerdem sieht man Grabplatten des Ortsadels.

Das Altartriptychon stammt von etwa 1500. – Das Pfarrhaus ging aus dem ehemaligen Frauenkloster hervor, das später von den Schilling von Cannstatt zu einem »Schlössle« umgebaut wurde. Eduard Mörike war hier 1829 bis 1833 Vikar und arbeitete in dieser Zeit am »Maler Nolten«.

■ **Länge:**
Etwa 2 Kilometer.

■ **Zeit:**
Etwa 1 Stunde.

■ **Einkehrmöglichkeiten:**
Teck, Owen unter Teck.

39   Sulzburg und Rauber

Um Unterlenningen

Rund ums malerische Unterlenningen thronen mehrere Burgruinen auf den schroffen Traufhöhen, die allemal einen Besuch wert sind. Im benachbarten Oberlenningen lohnt anschließend das Museum für Papier- und Buchkunst, untergebracht im hübschen Fachwerkschlössle.

■ **Ausgangspunkt:**
Lenningen-Unterlenningen.

■ **Wegverlauf:**
Zuerst folgen wir der von der Durchgangsstraße abgehenden

Burgstraße. Hier zweigt auch die Straße nach Hochwang und Erkenbrechtsweiler ab. Wir spazieren aber geradeaus weiter zu einem Parkplatz und verlassen den Ort. Nach ein paar Minuten biegen wir

Einen Abstecher wert: das Museum für Papier- und Buchkunst in Oberlenningen

nach links ab zur bereits sichtbaren Ruine.

Die auf einem Vulkanembryo liegende **Ruine Sulzburg** (492 m) wurde Anfang des 14. Jahrhunderts als letzte Burg um die Teck von den Herren von Neidlingen errichtet, später zum Schloss ausgebaut und war bis ins 18. Jahrhundert bewohnt, allerdings 1732 nur noch von einem »armen Tagelöhner«. Als sie 1819 verkauft werden sollte, wurde sie vom Bürgermeister ersteigert und hinterher an 28 Bauern verkauft. Es sind noch bedeutende Reste erhalten, darunter eine gotische Pforte mit Tuffsteineinfassung.

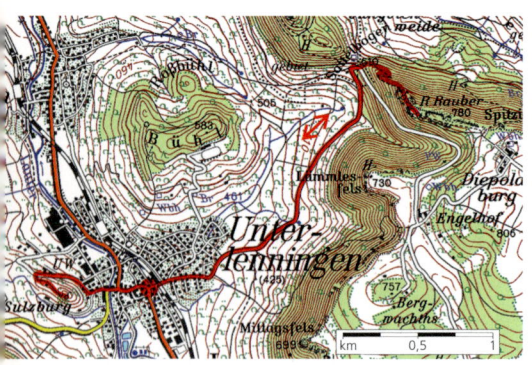

Wer noch eine weitere Ruine besichtigen will, geht oder fährt zurück zur Durchgangsstraße und folgt ihr geradeaus weiter in Richtung Oberlenningen. Wo sie nach rechts zieht, gehen wir in der Engelhofstraße in Richtung »Obstbaulehrpfad« immer geradeaus und ansteigend weiter bis zum Ortsende. Wer noch im Auto unterwegs ist, findet hier auch wieder eine Parkmöglichkeit. Dann folgen wir dem Weg weiter durch die Streuobstwiesen – besonders schön im Frühjahr zur Zeit der Blüte! – hinauf zum Sattelbogen. Von hier aus steigen wir nach rechts hinauf zur Ruine Rauber.

Die beiden **Ruinen Obere** (780 m) und **Untere** (735 m) **Diepolds-burg (Rauber)** liegen auf einem schmalen Berggrat. Die obere Burg wurde ab 1210 genannt, 1297 gehörte sie den Herzögen von Teck, die sie 1303 an Österreich verkauften. 1406 kam sie an das Haus Württemberg, dabei wurde auch die Untere Burg erstmals genannt. Württem-berg vergab die Anlagen bis 1470 als Lehen an verschiedene Besitzer. 1624 tauchte erstmalig der Name Rauber auf. 1535 wurde der Platz bereits als Burgstall bezeichnet. Von der oberen Burg sind Reste der Schildmauer erhalten. Zur unteren Burg führt eine Holzbrücke über den Halsgraben.

■ **Länge:**
Sulzburg 1 ½ Kilometer, Rauber etwa 5 ½ Kilometer.

■ **Zeit:**
Sulzburg 45 Minuten, Rauber etwa 2 Stunden.

■ **Einkehrmöglichkeiten:**
Unterlenningen.

40 Wie Perlen an der Kette

Die Ruinen Wielandstein

Ausgehend vom Lenninger Tal können wir fünf Ruinen besuchen, die sich auf einem Bergsporn wie Perlen an der Kette reihen. Hinterher sollte man einen Bummel durch Oberlenningen machen.

■ **Ausgangspunkt:**
Oberlenningen.

■ **Wegverlauf:**
Die Gegend um **Lenningen** (Auskunft: Gemeindeverwaltung Lenningen, Marktplatz 1, 73252 Lenningen, Telefon 0 70 26/6 09-0) war schon früh besiedelt, wie man anhand von Funden aus der Jungsteinzeit und von den Römern und Alamannen bei Oberlenningen sieht.

Blick auf den Weiler Krebsstein

Beim 1353 erstmals erwähnten Unterlenningen (425 m) fand man Gegenstände aus der Keltenzeit und alamannische Reihengräber. Das um 1100 erstmals erwähnte Oberlenningen (449 m) erlebte unter Ulrich von Lenningen 1135 bis 1160 seine Blütezeit. Ulrich war Gesandter des Kaisers in Ungarn und später Abt des Wittelsbacherklosters Scheyern. 1386 kam Oberlenningen über die Herzöge von Teck an Württemberg und bildete mit Unterlenningen, Brucken und Schlattstall den »Oberlenninger Stab«. Die auf das 9. Jahrhundert zurückgehende, 1275 genannte romanische Martinskirche in Oberlenningen besitzt schöne Kapitelle, gotische Fresken von 1326, eine Rokoko-Orgel mit reichen Schnitzereien (1770) und spätgotisches Gestühl von dem aus Blaubeuren stammenden Jörg Fieglin (1513). – Das Pfarrhaus stammt aus dem Barock. – Es sind noch einige alte Fachwerkhäuser erhalten.

Wir folgen in Oberlenningen von der Durchgangsstraße aus dem Burgtobelweg, dann dem Heerweg in Richtung »Wielandstein« nach rechts. Das Wanderzeichen ist die rote Raute. Nach dem Freibad halten wir uns links in den Heinrich-Scheufelen-Platz und danach rechts in den Wielandsteinweg. Am Waldrand folgen wir dem Zeichen nach links in den Wald und steigen auf zu den Ruinen. Zurück gehen wir denselben Weg.

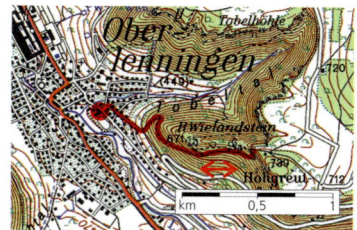

Anlage aufgegeben worden, 1525 wurde die Burg im Bauernkrieg zerstört. Relativ gut erhalten ist die Ruine Hinterer Wielandstein. Von der Ruine Vorderer Wielandstein sieht man noch einen Schildmauerrest.

Fünf **Burgen Wielandstein** (600 bis 700 m) waren es, die auf einem schmalen, 350 Meter langen Felssporn über dem Lenninger Tal einst saßen – hintereinander, wie Perlen auf der Schnur. Ihre Anfänge gehen bis 1150 zurück, 1350 ist die letzte

- ■ **Länge:**
  2 ½ Kilometer.

- ■ **Zeit:**
  Etwa 2 Stunden.

- ■ **Einkehrmöglichkeit:**
  Oberlenningen.

41 Pferdehof und Aussichtsfels

Von Sankt Johann zu den Rutschenfelsen

Dieser Spaziergang beginnt beim Gestütshof Sankt Johann, wo man einen Blick in die Pferdeställe werfen kann. Danach kommen wir zum Fohlenhof. Wenn wir Glück haben, sehen wir die jungen Pferde. Anschließend spazieren wir zu den Rutschenfelsen, die beste Aussicht auf das Albvorland bieten.

- ■ **Ausgangspunkt:**
  Sankt Johann.

- ■ **Wegverlauf:**
  Vom Gestütshof (nahe der Straße von Eningen unter Achalm

nach Sankt Johann) aus spazieren wir auf dem Zufahrtssträßchen und durch die prächtige Baumallee oder links davon auf dem mit der roten Gabel markierten Wanderweg zum Fohlenhof. Vor dem Hof

Der Fohlenhof ist von weiten Weideflächen umgeben.

noch biegen wir nach rechts ab und halten uns an der Verzweigung vor dem links zu sehenden Waldstück

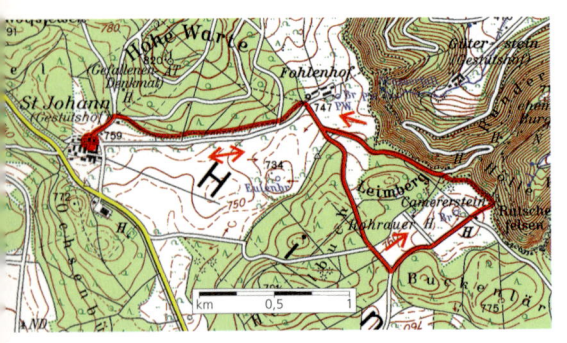

rechts. Kurz darauf kommen wir in den Wald, danach folgt links eine Lichtung. An deren Ende biegen wir nach links ab. Wir kommen zu einer großen Doline und kurz darauf zum Camererstein – er ist einem der Mitbegründer des Schwäbischen Albvereins gewidmet –, der am Trauf an einer Stelle mit guter Aussicht über den Rutschenfelsen steht.

Über dem Uracher Wasserfall und oberhalb der »Hölle« befinden sich die rund neunzig Meter hohen **Rutschenfelsen** (etwa 750 m). Sie haben ihren Namen daher, dass sich hier früher Rutschen, erst aus Stämmen, dann aus Eisen, befanden, auf denen man gefällte Bäume zum Abtransport herabsausen ließ. Dann wurden sie auf der Erms und dem Neckar nach Stuttgart geflößt. 1797 wurde die 300 Meter lange eiserne Rutsche demontiert und eingeschmolzen.

Wir biegen nach links ab, kommen bald in den Wald und marschieren auf dem Forst- beziehungsweise Feldweg zurück zum Fohlenhof und hier nach links zum Gestütshof.

- ■ **Länge:**
  Etwa 6 Kilometer.

- ■ **Zeit:**
  Etwa 2 Stunden.

- ■ **Einkehrmöglichkeiten:**
  Gestütshof Sankt Johann.

42 Der berühmteste Wasserfall der Schwäbischen Alb

Der Uracher Wasserfall

»Tosende Wasser im Maisental« nennen die Uracher ihre Natursehenswürdigkeit Uracher Wasserfall. Da der Weg dorthin entlang eines Baches führt und man auch eine große Burgruine besuchen kann, wird dieser Ausflug auch Kindern gefallen.

- ■ **Ausgangspunkt:**
  Parkplatz Wasserfälle, nordwestlich von Bad Urach.

- ■ **Wegverlauf:**
  Wir spazieren am Parkplatz, der nahe der B 28 Richtung Dettingen an der Erms liegt, mit dem blauen Dreieck geradeaus in das Tal hinein. Es geht erst eben weiter, dann steigt es am Wasserfall ent-

lang an zur Hochwiese über dem Wasserfall, wo sich auch ein Kiosk befindet.

Beim **Uracher Wasserfall** bildet der Brühlbach im Laufe der Zeit einen Klotz aus Kalktuff, über den das Wasser in freiem Fall rund dreißig Meter in die Tiefe stürzt. Anschließend fließt es nochmals rund fünfzig Meter über Kalktuffpolster.

Der Wasserfall baut sich seine Nase selbst und auch der Tuff am Fuß des Falls wird langsam aufgebaut, so dass der Fall immer kürzer wird. Früher wurde von einer Höhe von über 37 Metern gesprochen.

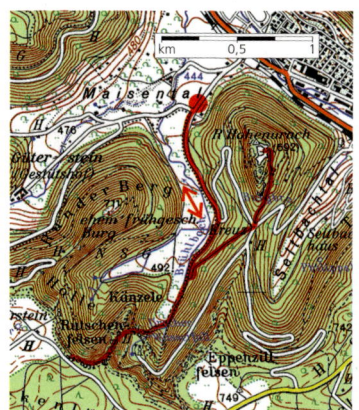

Auf dem Rückweg zum Parkplatz sollte man etwa 600 Meter nach dem Wasserfall nach rechts abbiegen und, der Bezeichnung folgend, hinauf zur Ruine Hohenurach steigen.

Die **Ruine Hohenurach** (692 m) ist die zweitgrößte Ruine der Schwäbischen Alb. Sie wurde um 1030 als Stammburg der aus der Würzburger Gegend stammenden Grafen von Urach erbaut, 1260/65 wie die Stadt württembergisch und 1534 fast gänzlich zerstört, dann aber unter den Herzögen Ulrich und Christoph zur Landesfestung ausgebaut.

Ab dem 15. Jahrhundert diente sie auch als Gefängnis. 1590 stürzte der hier gefangen gehaltene Humanist Nikodemus Frischlin bei einem Ausbruchsversuch zu Tode. 1694 brannte die Anlage ab, von etwa 1767 an wurde sie abgebrochen, und die Steine wurden zum Bau des Schlosses Grafeneck verwendet. Von hier aus hat man einen schönen Blick auf die Schwäbische Alb und durch das berühmte gotische Fenster hinab auf Bad Urach.

Der Uracher Wasserfall

Eine weitere Möglichkeit ist, von der Hochwiese oberhalb des Wasserfalls noch bis zur Albhochfläche zu steigen und nach rechts zu den Rutschenfelsen zu gehen. Holzstämme wurden in dieser Gegend früher zu Tal »gerutscht«. Von hier aus hat man einen herrlichen Blick ins Tal und auf die gegenüberliegende Albhochfläche.

■ **Länge:**
Uracher Wasserfall etwa 3 Kilometer; Rutschenfelsen etwa 7 Kilometer; Ruine Hohenurach zusätzlich etwa 2 Kilometer.

■ **Zeit:**
Uracher Wasserfall etwa 1 Stunde; Rutschenfelsen etwa 2 Stunden; Ruine Hohenurach zusätzlich etwa 45 Minuten.

■ **Einkehrmöglichkeiten:**
Parkplatz, Kiosk oberhalb des Uracher Wasserfalls, Bad Urach.

43 Noch ein Wasserfall und ein ehemaliges Kloster

Gütersteiner Wasserfälle

Vom Parkplatz Wasserfälle in Bad Urach aus kann man zu einem weiteren Wasserfall aufsteigen. Dieser Ausflug ist auch geschichtlich interessant, denn hier befand sich früher ein Kloster und auf dem Runden Berg gab es über lange Zeit hinweg Siedlungen, von denen jedoch nichts mehr erhalten ist.

■ **Ausgangspunkt:**
Parkplatz Wasserfälle nordwestlich von Bad Urach (siehe auch Tour 42).

■ **Wegverlauf:**
Wir biegen am Parkplatz nach rechts ab und marschieren mit dem Zeichen blaues Dreieck relativ eben zum Gestüt Güterstein und von hier

aus bergauf zu den Gütersteiner Wasserfällen.

Der **Gütersteiner Hof** befindet sich in den Wirtschaftsgebäuden des ehemaligen Klosters Güterstein und wurde 1818 bis 1820 unter König Wilhelm I. errichtet. Der Hof gehört zum Württembergischen Haupt- und Landgestüt Marbach. Bei ihm steht ein gusseiserner Laufbrunnen aus Wasseralfingen (1828).

Die **Gütersteiner Wasserfälle** haben im Laufe der Zeit eine Barriere aus Kalktuff aufgebaut. Allerdings fällt das Wasser hier nicht auf einmal in freiem Fall herab, sondern fließt in mehreren kleinen Fällen abwärts beziehungsweise rieselt über herrliche Moospolster, auf denen auch der geschützte Hirschzungenfarn wächst. Manchmal herrscht hier

Die Gütersteiner Wasserfälle

eine fast unwirkliche, märchenhafte Atmosphäre. Der Tuff wurde früher auch als beliebter Baustein verwendet. Er war einfach zu verarbeiten, denn in frischem Zustand konnte man ihn sägen, später aber härtete er aus.

Auf dem Niveau der oberen Terrasse lag das 1226 auf Geheiß von Graf Konrad gegründete **Zisterzienserkloster Güterstein.** Es wurde 1439 in eine Kartause umgewandelt und 1442 zur Grablege der Uracher Linie der württembergischen Grafen bestimmt. Die Kartäuser – wegen ihrer Kutten mit Kapuze auch Gugeles- oder Kappenmönche genannt – waren ein strenger Orden, dessen Mitglieder in Armut und Askese, abgeschieden von der Welt, leben mussten. Das Kloster war im Mittelalter ein bedeutender Wallfahrtsort und auch Graf Eberhard im Bart hielt große Stücke darauf. Hier ließ er sich vor seiner Fahrt ins Heilige Land vom Prior segnen. Die Kartause wurde 1534 aufgehoben, 1552 bis 1554 abgebrochen. Ihre Steine wurden in Hohenurach und Hohenneuffen verbaut. Heute sind nur noch wenige Mauerreste übrig. Die Sarkophage wurden in die Tübinger Stiftskirche verbracht. 1715 baute der Ulmer Glockengießer Theodosius Ernst eine Brunnenstube mit einem sieben Meter großen oberschlächtigen Wasserrad, um das oberhalb liegende Gestüt mit Trinkwasser zu versorgen – die wohl erste Version der später so berühmten Albwasserversorgung.

Nun kann man entweder auf demselben Weg zurückkehren oder die Tour noch etwas ausdehnen. Hierzu gehen wir auf jeden Fall hoch bis zu dem kleinen Wasserhäuschen, wo rechts ein weiterer Wasserfall mit einem gefassten kleinen See liegt. Bei dem Häuschen geht es mit dem roten Dreiblock nach links bis zu einem querenden Waldweg, dem wir nach links in Richtung »Hölle« folgen. Wir spazieren abwärts bis zu einer Forststraße, wo wir unsere Richtung beibehalten und wieder bergauf gehen. An der Rechtskurve der Straße spazieren wir nach links abwärts zu einer Schutzhütte, hier kann man geradeaus hinauf zum Runden Berg steigen. Danach geht es wieder hinab zur Hütte.

Auf dem **Runden Berg** siedelten von 1600 v. Chr. bis ins 11. Jahrhundert Menschen. Leider ist von ihren Bauwerken nichts mehr erhalten. Da die Höhensiedlung exponiert lag, wurde sie später auch nicht überbaut. Bei Untersuchungen 1967 bis 1985 fand man heraus, dass es mehrere Perioden der Besiedlung gab, die aber immer wieder für längere Zeit unterbrochen waren. Ab dem 4. Jahrhundert siedelten hier Alamannen, die bedeutendste Periode war zweifelsohne im 5. Jahrhundert. Von ihrem Wohlstand zeugen Funde von Scherben importierter Gläser und qualitativ hochwertigen Waffen. Auf dem Berg befanden sich Werkstätten von Gold-, Buntmetall- und Grobschmieden, außerdem von Gagat- und Beinschnitzern. Anfang des 6. Jahrhunderts fand die Siedlung ein gewaltsames Ende. Man vermutet, dass dies mit dem gescheiterten Aufstand gegen die Franken (506) zusammenhing; damals verloren die Alamannen ihre politische Selbstständigkeit.

Der Berg wurde 150 Jahre später erneut besiedelt. Diese Besiedlung dauerte bis Mitte des 8. Jahrhunderts, das Ende könnte mit dem »Blutbad von Cannstatt« im Jahr 746 zusammenhängen. Damals beriefen die Franken einen Gerichtstag ein und metzelten dabei fast den gesamten alamannischen Adel nieder.

An der Hütte folgen wir dem schmalen Steig, der uns im Zickzack hinunter zu einem Forstweg führt, wo wir uns rechts orientieren. Mit Auf und Ab durchwandern wir nun die wildromantische Hölle. An einem Querweg gehen wir nach links hinab an den Fuß des Uracher Wasserfalls und durchs Tal zurück zum Parkplatz.

■ **Länge:**
Etwa 4 Kilometer.

■ **Zeit:**
Etwa 1 ½ Stunden.

■ **Einkehrmöglichkeiten:**
Parkplatz, Bad Urach.

44 Hinab in den Schlund

Höllenlöcher und Nägelesfels

Links und rechts des Ermstales finden wir so genannte Höllenlöcher. Außerdem kommen wir auf dem Weg am Nägelesfelsen vorbei, der seinen Namen von der Felsen- oder Pfingstnelke hat. Von diesem Felsen und von anderen Punkten dieser Tour aus hat man einen prächtigen Blick ins Ermstal.

■ **Ausgangspunkt:**
Wanderparkplatz hinter Hülben an der Straße in Richtung Bad Urach.

■ **Wegverlauf:**
Wir wandern erst auf dem mit der roten Gabel markierten Asphaltweg in Richtung »Höllenlöcher«.

Rund eine Viertelstunde später sind wir im Wald, wo wir gleich darauf seitlich des Weges die ersten grabenartigen Löcher sehen. Der Weg zieht nach links, wir gehen aber noch ein paar Schritte geradeaus weiter bis zum Trauf, halten uns links und kommen in rund zehn Minuten zum umschrankten Höll-Loch. Anschließend spazieren wir wieder zurück und immer weiter am Trauf entlang. Bald sehen wir die Höllenlöcher, senkrechte Spalten, die parallel zum Trauf verlaufen. In manche kann man hinabsteigen, unten weitergehen und am anderen Ende wieder auf den Weg zurückkommen.

Auf beiden Seiten des Ermstals um Bad Urach findet man solche **Höllenlöcher,** wie die bis zu dreißig Meter

tiefen und wild-schaurig anmutenden Schluchten genannt werden. Für Kinder sind die romantischen Schluchten, in denen sich Bäume in die senkrechten Wände einkrallen und in die man – zum Beispiel bei den Dettinger Höllenlöchern – wie bei einem alpinen Klettersteig auf langen Eisenleitern hinabklettern kann, ein wahres Paradies. Verwandt mit den Höllenlöchern sind die frei stehenden Felsen am Albtrauf wie beispielsweise der Gespaltene Fels am Lochenstein. Die Umgebung der Höllenlöcher bildet übrigens Bannwald, also ein sich selbst überlassenes Waldreservat.

An einigen Aussichtspunkten am Wegrand haben wir schöne Blicke hinab ins Ermstal und auf die gegenüberliegende Talseite mit der Ruine Hohenurach, dem Runden Berg, dem Gestütshof Güterstein und den Rutschenfelsen.

Nach einiger Zeit zweigt nach links ein Steig ab zum Nägelesfels. Danach spazieren wir weiter zum Buckleten Kapf, der eine gute Aussicht bietet. Später kommen wir an einem rechts des Weges liegenden steinernen Haus vorbei, gehen danach auf dem von links heraufkommenden Weg nach rechts und verlassen den Wald. Wir erreichen Hülben und biegen vor den Häusern

Wild-schaurig sehen die Höllenlöcher von oben aus.

nach rechts ab, kurz darauf sind wir
wieder am Ausgangspunkt.

■ **Länge:**
Etwa 10 Kilometer.

■ **Zeit:**
Etwa 3 Stunden.

■ **Einkehrmöglichkeiten:**
Hülben.

45 Natursehenswürdigkeiten und vorzeitliche Stadt

Falkensteiner Höhle, Schrecke und Heidengraben

Drei Sehenswürdigkeiten hat dieser Ausflug zu bieten. Zum einen sieht man den Rest des Heidengrabens, der eine vorzeitliche Stadt schützte, zum anderen kann man einen Abstecher hinunter zur großen Falkensteiner Höhle machen oder auf der anderen Seite des Ausgangspunktes zur Großen und Kleinen Schrecke gehen. Beides wird auch Kindern Spaß machen.

■ **Ausgangspunkt:**
Parkplatz am Heidengraben, südlich von Grabenstetten.

■ **Wegverlauf:**
Hier an der Straße Richtung Römerstein-Böhringen sehen wir einen Rest des so genannten Heidengrabens, von dem auch der Ort Grabenstetten seinen Namen hat. Von hier aus bieten sich zwei Möglichkeiten. Zuerst besuchen wir die Falkensteiner Höhle, zu der ein Weg am Graben entlang nach Westen in den Wald und dann bergab führt. Zurück gehen wir denselben Weg.

Der Name **Heidengraben** geht wie andere Flurnamen und Ähnliches mit »Heide« auf den Volksglauben zurück, dass die Verschanzungen vor sehr langer Zeit, also von »Heiden«, errichtet wurden. Hier lag zur

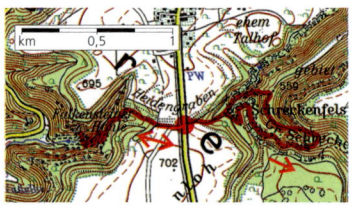

Keltenzeit eine für damalige Verhältnisse riesige Stadt mit mehreren tausend Einwohnern, deren Fläche auch die mittelalterlicher Städte übertraf. Sie gehörte zu der Gruppe befestigter Siedlungen aus der späten La-Tène-Zeit, die von den Römern als »Oppida« bezeichnet wurden. Diese entstanden ab dem 2. Jahrhundert v. Chr., als die germanischen Kimbern von Norden nach Süden drangen und um 111 mit den Kelten zusammentrafen. Vielleicht sollten sie die Kelten vor den Germanen schützen. Die Oppida waren immer mit starken Mauern befestigt, der Zugang erfolgte durch mehrere Toranlagen. Diese Siedlungen waren von kilometerlangen Wällen umgeben und boten so über die besiedelten Flächen hinaus Raum für Land- und Viehwirtschaft. Das Oppidum auf der Alb war einerseits durch die steilen Bergflanken, andererseits durch künstliche Anlagen geschützt. Der Heidengraben besitzt einen äußeren Befestigungsring von einigen Kilometern Länge, der eine Fläche von ungefähr 1662 Hektar umschloss. Es ist damit das größte keltische Oppidum auf deutschem Boden und eines der größten überhaupt. Darin befindet sich der Kernbereich, die so genannte Elsachstadt.

Die bis zu fünf Kilometer lange **Falkensteiner Höhle** ist an ihrem Eingang ein großes, beeindruckendes Loch im Felsen, aus dem bei starkem Regen oder Schneeschmelze die Elsach fließt. Diese versickert sonst innerhalb der Höhle und tritt 200 Meter unterhalb als Elsachquelle wieder aus. Ab 1770 waren in der Höhle einige Jahrzehnte lang Goldgräber tätig, ohne Erfolg allerdings. Einer der Männer starb 1776 in der Höhle und wurde auf Geheiß Herzog Carl Eugens dort begraben. Wer die Höhle ein Stück weit begehen will, muss eine Taschenlampe mitbringen. Aber Vorsicht, es kamen schon gefährliche Situationen vor, die mit dramatischen Rettungsaktionen endeten. Am Eingang finden wir eine Gedenktafel für David Friedrich Weinland, den Dichter des

Rulaman, der diese Höhle literarisch verewigte (aber auch die Schillingshöhle bei Hohenwittlingen wird für die Rulamanhöhle gehalten).

Wer Lust hat, kann auf der anderen Seite noch einen Abstecher zur Großen und Kleinen Schrecke und zum Schreckenfels machen.

Man spaziert am Grillplatz vorbei in den Wald und hält sich gleich nach dem Waldrand rechts (»Große Schrecke/Schreckenfels«). Über die Große Schrecke und den Schreckenfels hinab kommt man in das nach Schlattstall führende Tal, hält sich hier einige Minuten links und steigt dann über die Kleine Schrecke nach links wieder hinauf.

Die beeindruckenden Felsformationen **Große** und **Kleine Schrecke** oberhalb des malerisch im Lenninger Tal gelegenen Schlattstall haben nicht umsonst diesen Namen – er kommt vom mittelhochdeutschen »schrecken« = in Schrecken versetzen. Und so ist es tatsächlich: Aus einer wilden Waldschlucht mit riesigen, romantisch bemoosten Felsen winden sich schmale Pfade, die bei Nässe recht schmierig und rutschig sein können, die Große und die Kleine Schrecke empor. Besucht man dieses eindrucksvolle Stück Schwäbische Alb bei einer Wanderung mit Kindern, kann man ihnen erzählen, dass vor langer Zeit hier der Riese Hermel mit seinen ungeheuren Kräften gehaust haben soll.

■ **Länge:**
Falkensteiner Höhle etwa 3 Kilometer; über die Große und die Kleine Schrecke etwa 3 Kilometer. Wer in Grabenstetten startet, muss für den Weg bis zum Parkplatz etwa 1 Kilometer (einfach) rechnen.

■ **Zeit:**
Falkensteiner Höhle etwa 1 Stunde. Über die Große und die Kleine Schrecke etwa 1 Stunde.

■ **Einkehrmöglichkeit:**
Grabenstetten.

■ **Grillmöglichkeit:**
Parkplatz.

■ **Sonstiges:**
Da man sich auf steilen und rutschigen Pfaden bewegt, sollte man festes Schuhwerk anziehen. Die Falkensteiner Höhle sollte man nur bei sicherem Schönwetter besuchen.

46 Wilde Felsen und Urwaldatmosphäre

Von Schlattstall zur Schrecke

Wer eine wilde Natur mit Felsen und urwaldartiger Vegetation erleben möchte, ist mit diesem Spaziergang gut bedient.

■ **Ausgangspunkt:**
Lenningen-Schlattstall.

■ **Wegverlauf:**
Wir parken am Ortsanfang von Schlattstall und spazieren durch den Ort hindurch. Am Ortsende werden wir zur »Lauterquelle« nach links verwiesen.

Die auch **Goldloch** genannte Lauterquelle (540 m) ist eine Quellhöhle, deren Eingang von Schatzsuchern erweitert worden ist. Nach einer Sage wurde hier einst ein Schatz von riesigen Vögeln bewacht. Der gleich ab der Karstquelle starke Bach lieferte früher zusammen mit der hinteren Quelle die Wasserkraft für zwei Mühlen.

Anschließend verlassen wir den Ort und gehen durch die Wiesen weiter, dann in den Wald. Schließlich zweigen wir nach rechts ab zur »Kleinen Schrecke« (s. S. 117).

Nun geht es steil hinauf. Wir folgen dem Weg bis hoch zur Landstraße, wo wir einen Wall des Heidengrabens (s. S. 116) sehen. Hier befindet sich auch ein Grillplatz. Anschließend gehen wir wieder zurück in den Wald und biegen gleich am

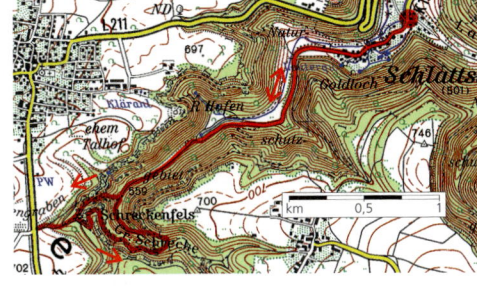

Waldrand nach rechts ab in Richtung »Schreckenfels/Große Schrecke«. Es geht hinab ins Tal und hier nach links zurück nach Schlattstall.

Länge:
Etwa 7 ½ Kilometer.

Zeit:
Etwa 2 ½ bis 3 Stunden.

Einkehrmöglichkeit:
Schlattstall.

Grillmöglichkeit:
An der Landstraße.

Sonstiges:
Da man sich auf Naturwegen bewegt, ist festes Schuhwerk empfehlenswert.

Die Alb bietet auch im Winter zauberhafte Blicke.

Teil 2

Städte und Orte

Hier sind die interessantesten Städte und Orte der Westalb mit ihren Sehenswürdigkeiten beschrieben. Trotzdem – dieses Buch kann keinen ausführlichen Kunstführer ersetzen. Es ist auch empfehlenswert, sich vor einem Besuch bei den jeweiligen Tourismusbüros einen Stadtplan und weiteres Informationsmaterial zu besorgen. Die Adressen und Telefonnummern sind jeweils angegeben. Bei größeren Städten ist ein Stadtrundgang vorgeschlagen, man darf jedoch nicht vergessen, dass es auch außerhalb dieser kurzen Rundgänge noch andere sehenswerte Gassen und Straßen mit interessanten Gebäuden und Sehenswürdigkeiten gibt.

Bad Urach (464 m)

■ **Auskunft:**

Städtische Kurverwaltung, Bei den Thermen 4, 72574 Bad Urach, Telefon (0 71 25) 94 32-0.

■ **Geschichte:**

Bad Urach besitzt einen sehenswerten historischen Stadtkern, der mit dem von prächtigen Fachwerkhäusern gesäumten Marktplatz einen der schönsten des Landes vorweisen kann. Im 1443 errichteten Stadtschloss befinden sich interessante Museen; auch die spätgotische Amanduskirche mit ihren Kunstschätzen, Rittergrabmalen und Glasmalereien ist einen Besuch wert. Die Stadtbesichtigung kann man im Thermalbad ausklingen lassen.

Im Zusammenhang mit der Siedlung auf dem Runden Berg wurde Urach wohl schon in der Alamannenzeit besiedelt. Die Stadtgründung erfolgte dann unter den aus der Würzburger Gegend stammenden Grafen von Urach, die 1060 auf dem Berg eine Burg errichteten. Später erbauten sie ein Wasser-

schloss im Tal. Die Stadt selbst ging wohl aus einer Siedlung bei der Burg der Nachkommen des Grafen Egino hervor. 1188 wurden Uracher Kaufleute erstmals erwähnt. 1260/65 ging Urach an Württemberg über, 1316 wurde es erstmals als Stadt genannt. Eine Blüte erlebte Urach zwischen 1441 und 1482 in der Zeit der württembergischen Landesteilung, als es Residenzstadt der südlichen Hälfte des Landes war. Graf Ulrich begann ein Jahr nach der Teilung mit dem Bau einer Residenz, später betrieb Graf Eberhard von hier aus die Gründung der Universität Tübingen.

Da in dem schmalen Tal Ackerbau und Viehzucht auf natürliche Grenzen stießen, haben die Uracher sich bereits früh auf Handel und Gewerbe konzentriert. Herzog Friedrich I. unterstützte insbesondere den Anbau von Flachs auf der Schwäbischen Alb und veranlasste die Gründung der bis 1793 bestehenden Leinwandhandelskompanie, die ihre Geschäfte bis in die Schweiz, nach Frankreich und Italien betrieb. 1723 stiftete Herzog

Eberhard Ludwig den berühmten Schäferlauf.

Da der Albaufstieg früher ab Urach leichter zu bewältigen war als anderswo, war die Stadt über lange Zeit Ausgangs- und Endpunkt für den Verkehr über diese »Passstraße«. Dies verschaffte der Bevölkerung durch die Notwendigkeit, Pferde zur zusätzlichen Bespannung bereitzustellen, eine weitere Einnahmequelle.

■ **Besichtigung:**

Wir beginnen unsere Besichtigung am **Bahnhof** oder an einem der Parkplätze in seiner Umgebung. Dann spazieren wir in der Bismarckstraße zum **Schloss** und zum **Tiergartentor.**

Das »**Neue Schloss**« wurde von Graf Ludwig I. ab 1443 als Residenz für seine Hälfte der Grafschaft Württemberg als massives Steinhaus erbaut. Zuvor stand hier eine bereits im 11. Jahrhundert genannte Wasserburg. Hier wurden Graf Eberhard V. (1445–1496) und Herzog Christoph (1515–1568) geboren. Bereits nach 1470 wurde die Anlage unter Graf Eberhard im Bart umgebaut. Die Herrscher hielten sich auch nach der Wiedervereinigung des Landes gerne in Urach auf und nutzten das Schloss auch als Zufluchtsort in Pestzeiten. Herzog Ludwig (1554–1593) hielt bei seiner zweiten Hochzeit hier gar sein »Beilager«, woran ein Prunkbett erinnert. Im Hof steht im Nordwesten das mehrfach umgebaute Kameralamtsgebäude. In der

Dürnitz befindet sich ein prächtiges Renaissance-Relief des lebensgroß dargestellten Grafen Heinrich von Württemberg-Mömpelgard, der, weil »unberechenbar«, samt seiner Familie ab 1490 im Schloss »verwahrt« wurde. Der wohl prächtigste Raum im Schloss ist der Palmensaal, in dem Graf Eberhard V., dem auch die Wiedervereinigung des Landes zu verdanken war, Hof gehalten hat. Er setzte auch die Erhebung Württembergs zum Herzogtum durch. Geschmückt ist der Palmensaal mit prächtigen Wandbildern und dem Wahlspruch Eberhards »Attempto« (= Ich wag's). Hinter dem Palmensaal kommt man in den Weißen Saal, der von Herzog Karl Eugen im Rokokostil gestaltet wurde. Einer der schönsten Renaissancesäle Süddeutschlands ist der Goldene Saal, der anlässlich der Hochzeit Eberhards V. mit Barbara Gonzaga und später noch einmal zur Hochzeit von Herzog Johann Friedrich mit der Markgräfin Barbara Sophia von Brandenburg hergerichtet wurde. Er besitzt eine aufwändige Verglasung und sehenswerte Malereien; eines seiner schönsten Ausstattungsstücke ist der Prachtofen von 1620. Interessant ist außerdem die Dokumentation des Schwäbischen Albvereins, die im Schloss untergebracht ist.

Vor dem Schloss ist das große **Tiergartentor** zu sehen, das früher als repräsentatives Tor vor der Weberstadt und später vor dem herzoglichen Tiergarten stand. Es wurde 1603 unter Herzog Friedrich I. erbaut, diente ab 1771 als Tor zum herzoglichen Tiergarten und wurde 1875 versetzt. An seinem Aufbau ist das württembergische Wappen angebracht.

Etwas weiter steht an der Ecke zur Kirchstraße das **Sprandelsche Haus,** eines der schönsten Fachwerkhäuser der Stadt. Es wurde um 1445 als gräfliche Kanzlei und Wohnhaus für Hofbeamte erbaut und gelangte 1480 in private Hände. 1462 traf sich hier der württembergische Landtag zu seiner ersten Sitzung. Im Obergeschoss befand sich bis ins 19. Jahrhundert ein großer Saal, in dem auch ständische Versammlungen stattfanden.

Hinter dem Sprandelschen Haus steht die ehemalige **Klostermühle.** Sie wurde 1454 erstmals erwähnt, brannte 1876 ab und wurde anschließend sofort wieder aufgebaut. Das Bauwerk besitzt noch ein großes mittelschlächtiges Wasserrad aus dem 19. Jahrhundert. Links neben ihr sieht man ein ehemaliges **Chorherrenhaus.** Es wurde 1514/15 erbaut und bis 1534 von einem Chorherrn bewohnt, später diente es den Müllern als Wohnhaus.

Links vom Chorherrenhaus steht der 1477 bis 1482 erbaute **Mönchshof.** In dieser Dreiflügelanlage befand sich einst das Stift der »Brüder vom gemeinsamen Leben«. Nachdem es 1517 aufgehoben worden war, befand sich hier 1561 bis 1565 eine Druckerei, in der auch die Werke von Primus Truber, dem Reformator der Slowenen und Be-

gründer der slowenischen Schriftsprache, gedruckt wurden, ebenso Werke in kroatischer und italienischer Sprache. Der Mönchshof wurde auch Hans Ungnad (1493–1564) von Herzog Christoph als Wohnsitz zugewiesen. Ungnad war vorher Landeshauptmann der Steiermark und musste sein Land verlassen, als König Ferdinand Protestanten des Landes verwies. Später diente das Haus der Uracher Privilegierten Leinwandhandelskompanie als Fohlenstall. Danach befand sich hier das evangelisch-theologische Seminar, in dem auch Eduard Mörike ausgebildet wurde. Seit 1979 ist hier das Stift Urach untergebracht, ein Einkehrhaus der Landeskirche in Württemberg.

Nun gehen wir etwas zurück zur **Stiftskirche Sankt Amandus.** Sie wurde in einer Zeit gebaut, als Urach Residenz des südlichen Teils Württembergs war, und gehört zu den schönsten Kirchen der Spätgotik im Land. Hier feierte Graf Eberhard V. ein prächtiges Hochzeitsfest mit Barbara Gonzaga von Mantua. Das Wappen des Bauherrn befindet sich über dem so genannten Brautportal, dem östlichen Eingang. Der Baubeginn der dreischiffigen Basilika war vermutlich 1475. Baumeister war erst Hans Koch, später Peter von Koblenz. 1896 bis 1901 wurde die Basilika von Heinrich Dolmetsch erneuert.

Die Kirche besitzt ein schönes, bunt ausgemaltes Netzrippengewölbe, dazwischen ein reich ge-

Das Schloss und im Hintergrund der Turm der Amanduskirche in Bad Urach

schmücktes »Himmelsloch«, in dem an Himmelfahrt eine Christusfigur durch die Decke hinaufgezogen wurde. Sehenswert sind auch die prächtigen Schlusssteine. In den Seitenschiffen findet man einfachere Gewölbe. An den Wänden sind schön gearbeitete Konsolen mit Aposteln, Propheten und Engeln zu sehen, eine davon soll Graf Eberhard im Bart darstellen. Zu den schönsten ihrer Art im Land gehört die reich geschmückte Sandsteinkanzel von etwa 1500, die vielleicht auch von Peter von Koblenz entworfen wurde. Ihr aufwändig gearbeiteter Schalldeckel wurde vermutlich um 1630 von einem Uracher Holzbildhauer angefertigt. Das schmiedeeiserne Altargitter stammt aus dem 17. Jahrhundert. In das Gitter sind zwölf kleine Ölgemälde auf Metalltafeln eingelassen, die 1650 von dem Uracher Bürger Bernhard Schwan anlässlich des lang ersehnten Friedens nach dem Dreißigjährigen Krieg gestiftet wurden. Das barocke Kruzifix auf dem Altar stammt aus dem 17. Jahrhundert.

Zu den bekanntesten Kunstwerken der Kirche gehört der reich mit Schnitzereien geschmückte Betstuhl

Graf Eberhards V. (1472). In den Fenstern hinter dem Betstuhl sind vier mittelalterliche Glasgemälde eingefügt. Im südlichen Fenster neben der Taufkapelle befinden sich Glasmalereien des Straßburgers Peter Hemmel von Andlau (1457). In der Taufkapelle steht ein spätgotischer Taufstein (1518), der zu den eindrucksvollsten im Land gezählt wird. Er stammt von Christoph von Urach und ist reich mit plastischem Schmuck versehen. Im Chor sind noch Reste des schön geschnitzten Chorgestühls der »Brüder vom gemeinsamen Leben« erhalten (1480), außerdem befinden sich hier zahlreiche Rittergrabsteine. An den Wänden sieht man prächtige Epitaphien und Totenschilde, im Turmchor Grabmale, darunter das des Peter von Koblenz.

Wir spazieren auf der Westseite der Kirche über den Gabriel-Biel-Platz zum Graf-Eberhard-Platz, wo wir links die mächtige **Schlossmühle** sehen, deren Dachgeschoss einst als Fruchtlager Verwendung fand. Das aus dem 15. Jahrhundert stammende Gebäude wurde nach einem Brand 1918 und 2003/04 neu erbaut. – Auf der Nordseite des Platzes steht das **Beginenhaus** von etwa 1480. Bauherr war vermutlich Graf Eberhard V. Nach der Reformation wohnte hier ab 1558 der Special (Dekan). An die Beginen erinnert ein Relief am Hauseingang mit dem Wappen Christi. – Nördlich davon steht die ehemalige **Garnsiede,** die 1729 bis 1879 in Betrieb

war. Das als Wirtschaftsgebäude des Beginenkonvents dienende Haus stammt aus dem 15. Jahrhundert.

Wir gehen nach links durch die Spitalstraße zum ehemaligen **Spitalbezirk.** Das Uracher Spital wurde 1480 von Graf Eberhard V. gestiftet und bestand bis 1907. Hier waren bis Anfang des 19. Jahrhunderts arme Leute und Pfründner untergebracht. – Links an das Haus angebaut sehen wir den spätgotischen Chor der **Spitalkapelle** (um 1515), die vielleicht von Peter von Koblenz oder einem seiner Mitarbeiter erbaut wurde. Die Kapelle diente bis zur Reformation als Kirche, danach unter anderem als Lagerhaus. Innen besitzt sie ein bemaltes Sterngewölbe. – Am Ende des Platzes halten wir uns rechts und gehen über den **Alten Friedhof.** Er wurde 1479 auf einer Kalktuffterrasse an der Stadtmauer angelegt und 1894 geschlossen. Beim Neubau der Schule hat man alle alten Grabsteine entfernt, nur an der Mauer befinden sich noch einige Inschriftsteine.

Danach geht es über Stufen etwas hinab bis kurz vor den Bach, wo wir ein altes Wehr sehen. Wir halten uns rechts und spazieren durch den Hof der Gebäude Am Lohgraben 2 bis 6 hindurch bis zur Stuttgarter Straße. Der Name Lohgraben weist auf die Gerber hin, die hier früher arbeiteten.

Wir folgen der Stuttgarter Straße kurz nach rechts und steigen dann auf einer Treppe wieder nach rechts empor. Das mächtige Fachwerkgebäude rechts ist das aus dem Barock stammende **Jägerhaus** (1774), in dem sich ab 1835 eine Fabrik mit Garnhandlung befand. Wir kommen aber nicht zu diesem Haus hin, sondern halten uns vor den Häusern am Ende der Treppe kurz links und gehen gleich durch den Durchgang zwischen den Gebäuden 37 und 39. An der Querstraße danach, wo man den Bach wieder sieht, orientieren wir uns links und kommen zur Stuttgarter Straße. – Hier steht rechts das 1476 bis 1479 vermutlich als Gästehaus des Hofes erbaute **Haus am Gorisbrunnen.** Es soll ein »Vorbote der Renaissance« in Württemberg sein und wird oft mit Barbara Gonzaga, der Frau Graf Eberhards V., in Verbindung gebracht.

Am Haus am Gorisbrunnen vorbei folgen wir weiter der Stuttgarter Straße. Links steht die **Rathaus-Apotheke.** Sie entstand aus zwei Häusern, die mittlerweile miteinander verbunden sind. Das rechte Haus stammt von Ende des 15. Jahrhunderts, das linke wurde 1679 umfassend umgebaut, wie aus einer Inschrift hervorgeht. Die Apotheke wurde 1603 erstmals genannt, reicht aber vielleicht auf das Jahr 1479 zurück. – Davor sehen wir den spätgotischen **Marktbrunnen.** Er ist der Stadt von Graf Eberhard V. nach seiner Erhebung zum Herzog im Jahr 1495 geschenkt worden und wurde von Peter von Koblenz entworfen. Der Brunnen besitzt

eine 8,4 Meter hohe, fünfstöckige und feingliedrig gearbeitete Brunnensäule (heute Kopie) und ist mit Skulpturen von Propheten und Heiligen geschmückt. – Daneben steht das **Haus am Röhrenbrunnen.** Es wurde um 1650 in seine heutige Gestalt umgebaut; das Erdgeschoss erhielt sein Aussehen im Stil der Neurenaissance 1896. Das Hoftor stammt von 1664.

Nun sind wir auf dem um 1300 angelegten, trapezförmigen **Marktplatz,** der von prächtigen Fachwerkhäusern aus dem 15. und 16. Jahrhundert umgeben ist und zu den schönsten Süddeutschlands gehört. – Links vom Brunnen steht das um 1440 errichtete **Rathaus** mit seinem reichen Schmuckfachwerk. Es wurde 1562 und 1907/08 verändert und besitzt ein offenes Erdgeschoss, in dem bis in die Mitte des 19. Jahrhunderts Metzger und Bäcker ihre Ware verkauften. Später wurde im nunmehr geschlossenen Erdgeschoss mit Frucht und Getreide gehandelt.

Auf der linken (östlichen) Seite am Ende des Platzes sehen wir das **Alte Oberamt,** das um 1450 erbaut wurde. 1568 befand sich in dem Gebäude die Herberge zum Goldenen Kreuz, 1812 bis 1938 saß hier der Oberamtmann. – Rechts davon zwischen der Neuen und der Wilhelmstraße stand das ehemalige **Hotel zur Post,** in dem 1807 bis 1904 die Poststation in Urach untergebracht war. Heute gehört das Areal einer Bank, die es 2003/04 neu bebaute.

Wir folgen der Wilhelmstraße und kommen zum 1725 errichteten **Gasthof Fass.** Er besitzt ein prächtiges Auslegerschild. – Danach erreichen wir den Wilhelmsplatz. Hier kann man nach rechts zum etwa 1450 erbauten **Amandus-Jäger-Haus** gehen, einem prächtigen Fachwerkhaus, das vielleicht herrschaftlicher oder klösterlicher Besitz war. Ab 1640 saß hier der herzogliche Leinwandfaktor und -händler Amandus Jäger. Danach kehren wir wieder zurück. – An der Südwestecke des Platzes steht das Fachwerkhaus einer ehemaligen **Brauerei,** die 1840 gegründet wurde und die größte der sieben Bierbrauereien der Stadt war. – Nun folgen wir der Ulmer Straße nach links, wobei wir an den Gebäuden der **Webervorstadt** vorbeigehen. Die Webervorstadt wurde auf Geheiß Herzog Friedrichs I. 1599 bis 1603 nach Plänen von Heinrich Schickhardt vor der Stadtmauer angelegt und bestand aus vier Hauszeilen mit je sieben Häusern. Es waren einfache Fachwerkhäuser mit einer »Dunk« im Untergeschoss. In der Dunk stand der Webstuhl. Ein Zugang zur Webervorstadt ging früher durch das Tiergartentor, das jetzt beim Schloss steht. – Danach kommen wir zum **Dicken Turm,** der zusammen mit drei anderen ab 1600 die Webervorstadt schützte. Seine Mauer ist fast einen Meter dick.

Nach dem Turm biegen wir links ab, an der übernächsten Straße rechts und schlendern, vorbei am **Fachwerkhaus Nr. 26,** durch die Webervorstadt bis zur Neuen Straße. – Hier stand bis 1840 der **Diebsturm.** Er wurde abgerissen und danach ein dreistöckiges Gebäude erbaut, das als Gefängnis genutzt wurde. Wir biegen nach rechts ab und halten uns an der Eichendorffstraße kurz vor der Ulmer Straße links. – Gleich darauf biegen wir nach rechts in die Holzstraße ab und kommen zur **Festhalle.** Sie wurde 1913/14 im Jugendstil aus Kalktuff erbaut.

Vor der Halle halten wir uns links, dann gleich wieder links in die Pfählerstraße, der wir bis zu einer kleinen Grünanlage folgen. Hier steht links der aus Tuffstein erbaute **Zeughausturm,** ein Eckturm der Stadtbefestigung. An ihn wurde im 15. Jahrhundert das Zeughaus angebaut, in dem früher Waffen aufbewahrt wurden. – Wir biegen nach dem Zeughaus links in die Seubertstraße ab und gehen bis zur Neuen Straße. Hier stand der **Gütersteiner Hof,** der Ende des 15. Jahrhunderts errichtete Pfleghof der Kartause Güterstein. Er besaß riesige Keller, in denen die aus dem Kloster stammenden Produkte verkauft wurden. Nach der Reformation saß hier der Verwalter des Klosters, ab 1806 der Kreishauptmann und 1810 bis 1818 der Vogt des »Département de l'Alp«. Nach rechts kommen wir zurück zum Marktplatz.

Das Rathaus und der spätgotische Marktbrunnen

Wir gehen bis zum Brunnen und biegen nach links ab in die Kirchstraße, in der weitere schöne Fachwerkhäuser stehen. Gleich darauf sehen wir die Dreier-Gebäudegruppe **Pommersches Haus,** benannt nach dem Leinwandhändler Pommer. Das älteste Haus ist das 1571 erwähnte Eckhaus. Das nächste wurde um 1680 umgebaut, das letzte ist ein Rokokohaus von 1746. In den Häusern saß bis 1793 die »Privilegierte Uracher Leinwandhandlung G. C. Pommer Comp.«.

Danach halten wir uns links in die Straße Beim Schloss und gehen auf das **Amtsgericht** zu. Es wurde 1902 zusammen mit dem heute als Notariat dienenden ehemaligen Gefängnisgebäude im so genannten Kameralamtsstil erbaut. Nach rechts kommen wir zurück zur Bismarckstraße, auf der wir nach links zum Ausgangspunkt gehen.

■ **Museen:**

Schloss-Museum. Innenbesichtigung des Residenzschlosses und Museum des Schwäbischen Albvereins. Größte Sammlung von Prunkschlitten des 17. und 18. Jahrhunderts. Telefon (0 71 25) 15 84 90.

Stadtmuseum Klostermühle. Hermann-Prey-Platz 3. Stadtgeschichte und Sonderausstellungen. Telefon (0 71 25) 4 06 00.

■ **Feste:**

Alle zwei Jahre (2007, 2009 usw.) findet in Bad Urach der berühmte Schäferlauf statt.

Balingen (517 m)

■ **Auskunft:**

Schul-, Kultur- und Sportamt Balingen, Friedrichstraße 67, 72336 Balingen, Telefon (0 74 33) 17 02 61.

■ **Geschichte:**

Die Gegend um das heutige Balingen war bereits ab der Jungsteinzeit besiedelt. Im 3. und 8. Jahrhundert n. Chr. bestanden im Stadtgebiet mindestens fünf alamannische Siedlungen. 863 wurde ein Dorf Balginga erwähnt, eine zweite Nennung erfolgte 1140. 1255 verlieh Graf Friedrich von Zollern Balingen die Stadtrechte. Die Stadt wurde dann etwas flussaufwärts auf hochwassersicherem Gebiet errichtet und mit doppelter Mauer und zwei Stadttoren befestigt. Sie war Mittelpunkt der Herrschaft Schalksburg, die 1403 an Württemberg verkauft wurde. Bis 1755 residierte ein württembergischer Obervogt in der Stadt. 1607, 1672 und 1724 gab es bereits Stadtbrände und 1809 vernichtete ein weiterer großer Brand 335 Wohnhäuser. Deshalb findet man auch kaum ältere Häuser, und die Stadt trägt heute Züge des damals herrschenden Baustils.

■ **Besichtigung:**

Wir beginnen unseren Rundgang am Bahnhof, wo wir der Bahnhofstraße nach Süden folgen. Links sehen wir die **Heilig-Geist-Kirche.**

Sie wurde 1898/99 errichtet, 1961 erweitert und 1998/99 in einer gelungenen Kombination von Moderne und Tradition umgebaut. In der Kirche steht eine Kopie der Jörg Syrlin dem Jüngeren zugeschriebenen Balinger Madonna. Die prächtigen Betonglasfester stammen von Prof. Birkle aus Salzburg. Die Stühle stehen konzentrisch um den neuen Altar, hinter dem ein riesiges Kreuz zu sehen ist.

Nun folgen wir der Friedrichstraße weiter nach Süden und kommen zum Marktplatz, wo rechts die Stadtkirche und links das Rathaus stehen. Die **evangelische Stadtkirche,** eine gotische Hallenkirche, wurde 1443 bis 1541 aus einer Nikolauskapelle errichtet. Ihr achteckiger Turm ist 61 Meter hoch und besitzt eine Sonnenuhr des Mechanikerpfarrers Philipp Matthäus Hahn (18. Jahrhundert). Das Holzkruzifix stammt von dem Renaissance-Bildhauer Simon Schweitzer, von dem auch verschiedene Epitaphien sind. In den Gewölbekonsolen im Chor sieht man interessante Fratzendarstellungen. Die beiden Altäre stammen von 1470 beziehungsweise aus dem 16. Jahrhundert. Die mit Reliefs geschmückte Kanzel wurde von Meister Franz von Tübingen 1512 errichtet. Bedeutend ist auch die Silbermannorgel von 1767, die von Sigmund Haußdörffer, einem Schüler Gottfried Silbermanns, geschaffen wurde.

Vor der Kirche steht der **Marktbrunnen,** der seit 1550 den »Ulrich«, wohl eine anonyme Ritterfigur, eventuell aber auch Herzog Ulrich, trägt. Im Schild ist das herzoglich-württembergische Wappen zu sehen. Das Sandstein-Original befindet sich im Heimatmuseum, hier sieht man einen 1950 gefertigten Bronzeabguss. – Gegenüber steht das **Rathaus.** Es wurde 1811 im klassizistischen Stil erbaut, nachdem das Vorgängergebäude 1809 dem Stadtbrand zum Opfer gefallen war.

Nun spazieren wir weiter durch die Friedrichstraße, über die 1797 schon Goethe schrieb. Sehenswerte Häuser sind hier das 1810 erbaute **Lämmle-Haus, Nr. 52,** das einen ungewöhnlichen Fassadenschmuck (um 1880) besitzt. An ein paar **Häusern** sind über den Türen Hauszeichen angebracht.

Wir biegen nach rechts in die Schwanenstraße ein und kommen zu einem Fachwerkhaus, dem 1812/13 errichteten ehemaligen **Farrenstall.** Er ging aus einer Scheune der Spitalpflege hervor. Wir biegen vor ihm noch nach links ab – hinter ihm verlief die Stadtmauer und hier stand der Rappenturm –, nach dem Farrenstall kurz nach rechts und dann wieder links. – Nun überqueren wir die Steinach und kommen zum **Gasthaus Sonne,** einem mächtigen Fachwerkhaus von 1792. – An seinem Ende biegen wir nach rechts in die Ebertstraße ein und spazieren bis zur nächsten Querstraße, wo links das nach dem Stadtbrand erbaute

Spital und das **Amtsgericht** (1824/25) stehen.

Wir halten uns links, dann gleich noch einmal in die Wilhelm-Kraut-Straße. Hier sehen wir interessante Gebäude wie beispielsweise **Nr. 10** von 1788, das ebenso alte **Nr. 8** und das mit einer prächtigen Fassade im Stil des Historismus (Ende 19. Jahrhundert) geschmückte **Nr. 5.** Nun sollte man nach dem Gasthof Lang nach rechts zur Eyach gehen, von wo man einen prächtigen Blick auf das Zollernschloss hat.

Jetzt spazieren wir zurück, halten uns rechts, dann gleich noch einmal und gehen entlang der Mauer und des Fachwerkschlosses auf den 1483 erbauten **Wasserturm** zu. Er ist als letzter Eckturm der Stadtbefestigung übrig geblieben und besitzt an der Ostseite ein gotisches Maßwerkfenster. Im Wasserturm befand sich auch eine Kapelle. Um 1825 wurde er zu einem Gefängnis umgebaut.

Vor dem Turm können wir nach links durch einen Durchlass in der Mauer gehen und kommen zum **Zollernschloss.** Es wurde im späten 14. Jahrhundert auf den Grundmauern einer Wohnburg aus dem 13. Jahrhundert erbaut. Hier saß ab 1403 der württembergische Obervogt, nach der Auflösung der Obervogteien 1752 ging es zusammen mit dem 1649 erbauten **Reiterhaus,** in dem das Gesinde wohnte, in private Hände über. Zwei Laubengänge verbanden es früher mit dem Schloss. Im Laufe

der Zeit verkam es und wurde 1920 von der Stadt gekauft, die es abreißen und nach altem Vorbild neu erbauen ließ. – Daneben steht die **Zehntscheuer** aus dem 15. Jahrhundert, die dreimal abbrannte. Sie ist mit dem Wappen der Grafen von Württemberg versehen. Heute befinden sich in der Zehntscheuer das Heimatmuseum und die Friedrich-Eckenfelder-Galerie. Beim Wappen der Grafen von Württemberg und im Türbogen sieht man die Jahreszahlen des Wiederaufbaus nach den Stadtbränden 1607 und 1672.

Wir folgen nun der Neuen Straße und biegen nach rechts in die Färberstraße ein. Am Abzweig der Ölbergstraße steht der Neubau des abgebrannten **Gasthauses Rose.** An der Ecke sehen wir die Nachbildung einer Holzskulptur von Adam und Eva, darüber einen Ritter mit einem Schild mit Bäcker- und Bierbrauerzeichen und den Initialen des Erbauers Caspar Koch. – Etwas weiter nördlich entdecken wir in der Ölbergstraße mit den **Gebäuden Nr. 9 bis 19** die ältesten Häuser Balingens, in denen früher viele Handwerker lebten. Diese Bauten entstanden nach dem Stadtbrand 1724. – Hier steht auch das **Kameralamt,** ein Gebäude, in dem Reste einer um 1500 erbauten Ölbergkapelle erhalten sind. Die Kapelle war mit einer Frauenklause verbunden.

Schloss und Wasserturm gehören zu den schönsten Ecken Balingens.

Nach dem Kameralamt gehen wir rechts, danach sieht man links im **Zwinger** Reste von Stadtmauer und Wehrgang. Wir spazieren aber geradeaus weiter bis zur Eyach und folgen ihr nach links. – Nach einer kleinen Parkanlage überqueren wir den Fluss nach rechts und kommen zum **Hochwasserdenkmal** aus Fichtelgebirgsgranit, das an den Tod von 41 Menschen bei der Überschwemmungskatastrophe 1895 erinnert und eine Dankbezeugung an die königliche Regierung und »unzählige Menschenfreunde« enthält. – Wir gehen nach links weiter zur **Friedhofskirche.** Sie ist das älteste Baudenkmal der Stadt und gehört zu den wenigen romanischen Baudenkmälern im schwäbischen Raum. Der Turm bis zu den Schallöffnungen geht auf das 11. Jahrhundert zurück, Chor und Schiff stammen aus der Hochgotik (14. Jahrhundert) und enthalten schöne Maßwerkfenster. Sehenswert sind der mächtige Taufstein und die Freskenreste mit einem Christophorus. An der Außenwand sieht man alte Grabsteine. – Geht man weiter nach rechts, kommt man zur 1428 erbauten **Siechenkapelle.** Sie war für die Aussätzigen bestimmt.

Wir gehen nach links durch die Paulinenstraße zur Heilig-Geist-Kirche und hier nach rechts zurück zum Ausgangspunkt.

■ **Museen:**
Heimatmuseum und Friedrich-Eckenfelder-Galerie. Zehntscheuer.

Neue Straße 59. Gezeigt werden Exponate aus der Vergangenheit der Stadt und Werke des Balinger Malers (1861–1938).

Museum für Waagen und Gewichte. Zollernschloss. Schlossstraße 5. Es ist eines der größten europäischen Museen seiner Art.

Auskünfte über beide Museen: Telefon (0 74 33) 1 70-2 61.

Beuron (627 m)

■ **Auskunft:**
Gemeinde Beuron, Abteistraße 24, 88631 Beuron, Telefon (0 74 66) 2 14.

■ **Geschichte:**
Beuron ist vor allem bekannt wegen seines Klosters und des Naturschutzzentrums. Der Ort wurde 861 erstmals in einer Sankt Gallener Urkunde erwähnt. Die erste Klosteranlage wurde vermutlich von den Ungarn zerstört. Im 11. Jahrhundert gab es eine Neugründung, die 1097 von Papst Urban II. bestätigt wurde. Das Kloster kam 1146 an die Augustiner. Später verlor es an Bedeutung. 1537 lebten nicht einmal mehr die erforderlichen sieben Mönche im Kloster, die zur Wahl eines Propstes erforderlich waren. Im Dreißigjährigen Krieg wurde das Kloster fast vollständig zerstört. Nach dem Wiederaufbau wurde es 1687 von Papst Innozenz XI. zur Abtei erhoben, und 1694 hat man Franz Beer von Blaichten mit dem Wiederaufbau

beauftragt. 1802 ist es in der Säkularisierung dem Fürstentum Hohenzollern-Sigmaringen zugeschlagen worden. 1813 ließ die österreichische Armee ein Militärspital im Kloster einrichten, wobei die Zellen zum Teil zerstört wurden. 1862 kam es durch die Brüder Maurus und Placidus Wolter mit Unterstützung der verwitweten Fürstin Katharina von Hohenzollern-Sigmaringen zur Neugründung eines Benediktinerklosters. 1868 wurde das Kloster erneut zur Abtei erhoben.

Bedeutend für das Kloster war die Beuroner Kunstschule. Diese Kunstrichtung war auf Einfachheit und Symbolik ausgerichtet und beschwor frühchristliche, byzantinische, präraffaelitische und ägyptische Kunst, zeigte schon früh Jugendstilelemente und wollte andere Kunststile als die übliche Stilisierung und Abstraktion einführen. Das erste Kunstwerk dieser Art war die Sankt-Maurus-Kapelle, andere Beispiele sind die Gnadenkapelle in der Kirche oder das Gefallenendenkmal beim Soldatenfriedhof.

■ **Besichtigung:**
Die **Klostergebäude** wurden 1694 bis 1705 noch vor dem Bau der Kirche von Franz Beer von Blaichten

Blick über die Donau zu der ausgedehnten Klosteranlage in Beuron

und Hans Georg Brix erbaut. Die **Abteikirche Sankt Martin und Maria** wurde zum ersten Mal in der Zeit der Romanik errichtet und nach verschiedenen Kriegsschäden etwa 1734 bis 1738 im barocken Vorarlberger Stil wieder aufgebaut. 1874 schlug man den barocken Stuck im Chor ab, teilweise wurde er dann 1953 wieder rekonstruiert. Auch die im 19. Jahrhundert übermalten Fresken wurden 1947 bis 1951 teilweise wieder freigelegt. Das Deckenfresko von 1738 stammt von Joseph Ignaz Wegscheider aus Riedlingen. Die Stuckarbeiten wurden von den Wessobrunnern Johannes Schütz und Pontian Gigl geschaffen.

Der prächtige Hochaltar von 1760 war ursprünglich ein Werk von Joseph Anton Feuchtmayr, Johann Georg und Franz Anton Dirr, wurde aber 1872 umgeändert, als Gabriel Wüger und Lukas Steiner eine Krönung Mariens im Stil der Beuroner Kunstschule malten. Auch die beiden Altäre von etwa 1760 seitlich des Chorbogens und die geschnitzten Beichtstühle (1744) sind von Feuchtmayr und Dirr. Die Gnadenkapelle wurde 1898 bis 1901 links an das Kirchenschiff angebaut und im Stil der Beuroner Kunstschule ausgemalt. Hier befindet sich das Gnadenbild, eine aus Oberschwaben stammende, sechzig Zentimeter hohe Pieta aus Lindenholz von 1430.

Interessant ist die 1803 errichtete und mit Holzschindeln bekleidete, überdachte hölzerne **Donau-** **brücke,** an der noch der alte Tarif angeschlagen ist. – Bei einem Bummel durch den Ort sieht man einige interessante **Häuser,** die mit Reliefs und Fresken mit frommen Szenen geschmückt sind. – Im ehemaligen Bahnhof befindet sich das »**Haus der Natur**« des Naturparks Obere Donau. Hier gibt es eine interessante Dauerausstellung über Natur und Geologie des Naturparks zu sehen. Auskunft ist unter Telefon (0 74 66) 92 80-0 erhältlich.

Ebingen (730 m)

■ **Auskunft:**
    Tourist-Information, Marktstraße 35, 72458 Albstadt, Telefon (0 74 31) 1 60 12 04.

■ **Geschichte:**
    Ebingen ist ein Stadtteil von Albstadt. Die Gegend stellt einen alten Übergang vom Eyach- zum Schmiechatal dar und war bereits in frühgeschichtlicher Zeit besiedelt; auch machte man römische Funde. 793 wurde der Ort als Ebinga erstmals erwähnt. Der heutige Ort wurde vermutlich um 1250/60 von den Grafen von Hohenberg gegründet und tauchte erstmals 1285 urkundlich als Stadt auf. Die Herren, die Grafen von Hohenberg, schützten die Stadt mit dem Bau einer Mauer mit zwei Toren und sechs Türmen.

Die Martinskirche in Ebingen mit ihrer Jugendstilfassade

1463 wurde von Graf Sigmund ein Schloss erbaut, 1469 kam die Stadt jedoch an Württemberg. 1410 hat man im Schloss das Spital untergebracht.

■ **Besichtigung:**

Wir beginnen beim Hallenbad am Ostrand der Innenstadt, wo es auch ein Parkhaus gibt. Im Hallenbad können wir ein Aquarium und Terrarium besichtigen. Dann spazieren wir die Grüngrabenstraße hinab bis zur nach rechts abgehenden Marktstraße. Das Stadtviertel südöstlich ist die Untere Vorstadt, die ab dem späten 15. Jahrhundert angelegt wurde. Wir folgen der nach Süden führenden Bahnhofstraße auf ihrer rechten Seite. Rechts bei Gebäude Nr. 27 befand sich der 1819 aufgefüllte **Schweinweiher,** in den einst die Tiere zum Baden getrieben wurden. – Schräg gegenüber steht das im Jugendstil errichtete **Haus des Merkur,** Bahnhofstraße 26. Es wurde 1922 von Paul Gminder nach Plänen von Prof. Paul Bonatz erbaut.

Nun biegen wir nach rechts ab. Gleich rechts sehen wir den **Bürgerturm,** einen ehemaligen Eckturm der Stadtbefestigung (um 1500). Hier befand sich bereits vor Gründung der Stadt eine Burg. – Wir gehen hinter dem Turm wieder nach Norden zur Marktstraße und halten uns hier links. Auf der linken Seite sehen wir die **Untere Apotheke,** Marktstraße 11. Das Haus wird seit 1840 als Apotheke genutzt. Die Holzplas-

tik »Ecce homo« an der Ecke stammt aus der Meßkircher Schnitzerschule und wurde Anfang des 16. Jahrhunderts gefertigt. – Danach folgt das **Hospiz,** Marktstraße 15. Es war einst ein württembergisches Amtshaus und wurde nach dem Brand 1732 neu errichtet. – Nun kommen wir zum **Marktbrunnen,** der von einem Renaissanceritter von 1545 gekrönt ist. – Hinter dem Brunnen steht das **Rathaus.** Es wurde nach dem großen Stadtbrand 1912/13 von Prof. Elsässer aus Stuttgart und Stadtbaumeister Schrein im Jugendstil errichtet.

Wir gehen in der Straße Landgraben nach Süden und biegen gleich nach rechts in den Kirchengraben ein. Gebäude Kirchengraben 17 ist eine ehemalige **Waagenfabrik,** die von dem Mechaniker Ferdinand Rehfuß 1879, damals noch außerhalb der Stadtmauer, als Werkstätte für Präzisionswaagen errichtet wurde. Später befand sich hier die Waagenfabrik Gustav Hartner. – Westlich daneben steht das **Wohnhaus Hartners,** Kirchengraben 15 (1900).

Nach der quer verlaufenden Museumstraße kommen wir zum **Neuen Vereinshaus,** Kirchengraben 11, das 1908/09 im Jugendstil als evangelisches Vereinshaus erbaut wurde. Seit 1975 ist hier die Städtische Galerie untergebracht. Man sollte den Rundbogeneingang beachten. – Wir folgen dem Kirchengraben weiter bis zur nach rechts abgehenden Martinstraße. Links vor der

Kirche steht die ehemalige **Klause,** Kirchengraben 2. Hier wohnten einst die Dominikaner aus Rottweil, 1420 bis 1608 die Ebinger Klausnerinnen. – Dahinter liegt die evangelische **Martinskirche.** Eine erste Urkirche wurde im 7. Jahrhundert über einem alamannischen Gräberfeld errichtet. Der Chor der jetzigen Kirche stammt noch von 1473. 1905/06 wurde von den Stuttgarter Architekten Schmohl und Staehelin ein neues Schiff im Jugendstil errichtet. Sehenswert sind die Portale, die geschnitzte Kanzel und das Grabmal des Heinrich von Ringelstein. Die alte Sakristei zwischen Chor und Turm besitzt das älteste erhaltene Mauerwerk Ebingens. Wir sollten um die Kirche herumgehen, denn nur so erhalten wir einen guten Eindruck dieses typischen Jugendstilgebäudes.

Westlich der Kirche gehen wir in der Straße Rossgasse wieder hinauf bis zur nächsten querenden Straße und biegen hier nach rechts in die Marktstraße ein. Wo die Straße Obere Vorstadt nach links abgeht, sehen wir auf der rechten Seite an der Ecke Marktstraße/Martinstraße das **Obere Torhäusle,** Marktstraße 59. Hier mussten früher Fremde warten, die in die Stadt wollten. Später war hier die Polizeiwache untergebracht. Das Stadtviertel entstand im späten 15. Jahrhundert bei der Stadterweiterung. Nun spazieren wir in der Straße Obere Vorstadt auf das Gebäude mit dem markanten Erker zu.

Vor Haus 14 gehen wir durch den schmalen Durchlass auf Stufen hinab in den **Oberen Stadtgraben.** Er befand sich als Zwinger zwischen der inneren und äußeren Stadtmauer. – Hier stoßen wir auf die evangelische **Kapellkirche.** Sie wurde 1382 »zu Ehren unserer lieben Frau und des Heiligen Grabes zu Jerusalem« gestiftet. Der heutige Bau stammt von 1490 und wurde 1833 renoviert. Wir gehen an der Kirche entlang und biegen hinter ihr nach links in die Johann-Philipp-Palm-Straße ein. – Gleich hinter der Kirche steht links die ehemalige **Stadtschreiberei,** Johann-Philipp-Palm-Straße 9. Sie wurde im 15. Jahrhundert erbaut und nahm bis 1913 die Kanzlei des Stadtschreibers auf. – Wir spazieren weiter nach Norden und kommen zum ehemaligen **Hohenberger Schloss,** Spitalhof 10. Es wurde 1463 von Graf Sigmund von Hohenberg als »festes Haus« errichtet. Ab seinem Tod war es bis 1878 Spital, ab 1881 diente es als Farrenstall. Das heutige moderne Gebäude wurde 1972 bis 1974 als evangelisches Gemeindehaus neu errichtet. – Rechts davon steht die **Alte Schule,** Spitalhof 13. Sie wurde als Pfarrhaus erbaut und diente ab etwa 1550 als Schule. Das heutige Fachwerkhaus stammt von 1717.

Wenn wir weitergehen, kommen wir zum Platz Im Hof, einem heimeligen Platz mit einem Brunnen, mit Bäumen und alten Häusern. Links steht der 1584 erbaute

Martinsfruchtkasten, Im Hof 21. Er war früher eine Zehntscheuer, in der der Dinkel für die Martinspflege aufbewahrt wurde. – Rechts sehen wir einen bunt bemalten gusseisernen **Brunnen** von 1869, dahinter auf der rechten (südlichen) Seite des Platzes befindet sich die 1383 erstmals erwähnte **Stadtmühle,** Im Hof 1 und 29. Der Bach, der sie einst antrieb, ist heute verdolt.

Gegenüber vom Martinsfruchtkasten steht der ehemalige herrschaftliche **Fruchtkasten,** Im Hof 19. Er stammt aus der zweiten Hälfte des 15. Jahrhunderts und war der Kornspeicher für die württembergischen Herrscher. Hier ist das Museum im Kräuterkasten untergebracht. – Wir gehen zwischen den beiden Gebäuden hindurch und kommen zu einem Haus, das anstelle des 1584 erbauten und um 1850 abgebrochenen Neuen Tors steht. Rechts sehen wir in der Straße Oberer Stadtgraben kleine, putzige Häuschen am Platz der ehemaligen Stadtmauer, hinter denen sich einst in der Grüngrabenstraße vor der äußeren Stadtmauer der Stadtgraben befand. – Wir biegen nach rechts ab; links sehen wir die **Villa Groz,** Grüngrabenstraße 52. Sie wurde in den Jahren 1907/08 im Jugendstil für den Unternehmer Richard Groz erbaut.

Wir gehen nach rechts weiter und gegenüber der Schule durch einen schmalen Durchgang nach rechts in den Unteren Stadtgraben. Auch hier sollten wir die Häuschen rechts betrachten. Vor uns steht der ehemalige **Malefizturm** (Diebsturm), Unterer Stadtgraben 9, einst das Gefängnis. – Links daneben sehen wir der Rest der **inneren Stadtmauer.** – Wir folgen der Straße nach links, bis wir am nächsten Durchgang nach rechts hinab zu dem Haus mit dem roten Fachwerk und in das ehemalige **Gerberviertel** spazieren können. Nun geht es nach links in die Wilhelm-Dodel-Gasse. Sie ist nach dem 1850 in Haus Nr. 6 geborenen Oberamtsrichter Dodel benannt, der durch seine Urteile eine große Bekanntheit erlangte und »Schwäbischer Salomon« genannt wurde. – Hinter der querenden Pfarrstraße steht links das Gebäude Wilhelm-Dodel-Gasse 12. Es ist ein im 15./16. Jahrhundert erbautes **Handwerkerhaus** und wurde in der Mitte zwischen zwei Besitzern geteilt.

Vor dem Haus gehen wir links durch den Durchgang, überqueren den Unteren Stadtgraben und kommen zurück in die Grüngrabenstraße, wo sich unser Ausgangspunkt befindet.

■ **Museen:**

Ebinger Heimatmuseum, Spitalhof 13, Telefon (0 74 31) 59 04 88.

Galerie Albstadt, Kirchengraben 11. Eines der bedeutendsten Kunstmuseen des Landes. Man sieht unter anderem 450 Werke von Otto Dix und zahlreiche expressionistische Arbeiten. Telefon (0 74 31) 1 60-14 91.

Museum im Kräuterkasten, Im Hof 19. Vor- und Frühgeschichte der Alb, naturkundliche Sammlungen. Telefon (0 74 31) 1 60-14 65.

Albaquarium. Aquarien- und Terrarienschau. Hallenbad. Telefon (0 74 31) 49 30.

Fridingen an der Donau (626 m)

■ **Auskunft:**

Rathaus Fridingen, Verkehrsamt, Kirchplatz 2, 78567 Fridingen an der Donau, Telefon (0 74 63) 8 37-0.

■ **Geschichte:**

Fridingen ist mit seinen prächtigen Fachwerkhäusern eines der reizvollsten Städtchen im Donautal. Die Besiedlung der Gegend geht bis auf die Mittelsteinzeit zurück. Aus der Merowingerzeit fand man westlich der Stadt ein Gräberfeld (6./7. Jahrhundert). 861 wurde eine bäuerliche Vorgängersiedlung in einer Schenkungsurkunde des Klosters Sankt Gallen erwähnt. Um 1300/30 errichteten die Grafen von Hohenberg eine Wohnturmburg am Platz des heutigen Ortes und gründeten zwischen 1280 und 1350 hier ihre einzige Stadt; 1372 wurde Fridingen erstmals als Stadt erwähnt. Bereits unter den Hohenbergern, später von den Österreichern, wurde die Stadt mehrfach verpfändet. Im Dreißigjährigen Krieg und in den

Wandmalereien am »Scharfeck« in Fridingen

Kriegen des 18. Jahrhunderts hatte Fridingen schwere Zerstörungen hinzunehmen. 1806/07 wurde der Ort Württemberg zugeschlagen.

■ **Besichtigung:**

Fridingen zeigt prächtig restaurierte Fachwerkhäuser und Reste der ehemaligen Befestigung, auf der noch einige alte Häuser aufsitzen. Das um 1330 erbaute **Ifflinger Schloss** besitzt einen Staffelgiebel. Ab 1381 gehörte es Österreich, um 1500 wurde es zu einem repräsentativen Schloss umgebaut. 1739 erwarben es die jüdischen Hoffaktoren Emanuel und Michael Levi aus Hechingen. 1793 kaufte die Stadt das Gebäude und nutzte es als Armenhaus, Fabrik, Schule und Feuerwehrmagazin. Heute sitzt hier das Heimatmuseum »Oberes Donautal«.

Die katholische **Stadtpfarrkirche Sankt Martin** geht auf eine erste Kirche von 850 zurück. Nachdem 1851 ein Teil des gotischen Turmes eingestürzt war, hat man 1851 bis 1853 die heutige Kirche im Stil der Neuromanik aus Tuffstein erbaut. Sie besitzt wertvolle gotische Skulpturen. Das Gemälde im Chor wurde 1695 gemalt. Das im Chorbogen hängende Schnitzkruzifix stammt von etwa 1700. Die Pieta (etwa 1420) wurde im so genannten Weichen Stil geschnitzt, die Schnitzfigur Sankt Agatha steht unter dem Einfluss von Michel Erhart. Modern ist der Hochaltar des Sigmaringers Franz Marmon; die

Tabernakel-Stele, der Altar sowie der Taufstein sind von 1973 und stammen ebenso wie der 1978 geschaffene Kreuzweg von dem Fridinger Eduard Schnell. Die Ölbergkapelle hinter der Kirche wurde um 1650 erbaut.

Neben der Martinskirche befindet sich das klassizistische, 1876/77 anstelle eines gotischen Vorgängerbaus und eines ehemaligen Franziskanerklosters als Schul- und Rathaus errichtete **Rathaus.** – Gegenüber steht das im 17. Jahrhundert erbaute **alte Pfarrhaus.** – Am Tor der **Zehntscheuer,** Zehntscheuergasse, sieht man ein großes Wappen der Österreicher, den Doppeladler, der im Brustschild die Jahreszahl 1764 trägt. – Beim ehemaligen Oberen Tor steht das 1554 erbaute **Scharfeck,** das älteste Wohnhaus der Stadt, das von der Kunstmalerfamilie Bucher bewohnt wurde. Von dieser Familie stammen auch die Wandmalereien. – Nordöstlich des Rathauses sieht man noch Teile der mit Häusern überbauten **Stadtmauer.** – Gebäude 8 in der Mittleren Gasse ist das **Butschheiner Haus,** ein mächtiges früheres Ackerbürgerhaus aus dem 18. Jahrhundert mit einer beigen Rokokofassade.

Auf der anderen Seite der Donau liegt die katholische **Sankt-Anna-Kapelle,** die auf einen ersten Bau von etwa 1400 zurückgeht. Nach der Zerstörung im Dreißigjährigen Krieg erhielt sie Rundbogenfenster und ein Zwiebeltürmchen. Als danach eine Wallfahrt einsetzte, wurde sie im 18. Jahrhundert umgebaut, vergrößert und gleichzeitig barockisiert. Dabei hat man auf der Südseite eine Einsiedelei und zwei Chöre mit Empore angebaut, wodurch das Gebäude seinen kreuzförmigen Grundriss erhielt. Für den Einsiedler wurde auf der rechten Seite der Empore ein kleines Guckloch angebracht. Nach der Säkularisation sollte die Kapelle 1818 geschlossen und abgebrochen werden, die Wallfahrten wurden verboten. Ab 1849 hat man hier jedoch wieder Gottesdienste erlaubt. Innen ist die Kapelle vor allem in lebhaftem Barock- und Rokokostil ausgestattet, außerdem gibt es im Chor mittelalterliche Wandmalereien. Die Deckengemälde stammen von Franz Joseph Zoll (1755). Der Hochaltar ist aus Stuckmarmor erbaut, die Anna-Selbdritt-Figur im Hochaltar stammt aus dem 17. Jahrhundert. Aus dem Rokoko sind die anderen Altäre, die Wandfigur Sankt Wendelin (1753) und das prächtige schmiedeeiserne Chorgitter (1750–1775).

■ **Museum :**

Heimatmuseum/Museum Oberes Donautal. Schloss, Schlossgasse 20, Telefon (0 74 63) 4 65.

Hayingen (661 m)

■ **Auskunft:**

Verkehrsamt – Tourist-Info, Kirchstraße 15, 72534 Hayingen, Telefon (0 73 86) 97 77-23.

■ **Geschichte:**

In Hayingen bestand bereits in vorchristlicher Zeit eine Ringburg. 786 wurde der Ort unter den Gütern des Klosters Lorsch erstmals genannt und kam 854 vom Kloster Sankt Gallen zum Bistum Konstanz. Im Mittelalter gehörten zahlreiche Dörfer zu Hayingen und 1244 bestand hier ein eigenes Dekanat. Die Herren von Gundelfingen gründeten 1250 in der Nähe des alten Ortes einen planmäßig angelegten neuen Ort,

Im Zentrum von Hayingen

der jeweils eigene Viertel für Bürger, Geistliche und die Herrschaft besaß. 1303 wurde ihm das Recht verliehen, sich einen eigenen Amtmann zu wählen. 1546 kam Hayingen an die Grafen von Helfenstein, 1627 an die Fürstenberger und 1806 an Württemberg.

Hayingen weist noch eine schöne alte Bausubstanz und Reste der Stadtmauer auf. Die katholische **Kirche Sankt Vitus,** eine ehemalige Wehrkirche, stammt aus dem 13. Jahrhundert und wurde 1724 zu einer barocken Hallenkirche umgebaut, wobei sie unter anderem einen Zwiebelturm und zarte Stukkaturen erhielt. Die Deckenbilder wurden von Joseph Ignaz Wegscheider geschaffen (1754). Aus dem 18. Jahrhundert stammt die Inneneinrichtung (Kanzel, Gestühl mit Schnitzerei), das Kruzifix wurde im 15. Jahrhundert geschaffen. Sehenswert sind auch die Grabplatten von 1374 und 1470.

Die **Liebfrauenkapelle** am Friedhof östlich des Zentrums stammt im Kern aus der Gotik, wurde aber 1769 im Rokoko neu gestaltet. Sie besitzt ein gotisches Portal und eine Nischenfigur der heiligen Katharina von 1642. Der Säulenhochaltar stammt aus dem 17. Jahrhundert. – Das **Fachwerk-Rathaus** mit den beiden Eckerkern wurde im 17. Jahrhundert auf einem wohl älteren Sockel erbaut. Auf der Westseite sieht man noch den Prangerstein von 1748. – Das ehemalige **Spital** ist ein Fachwerk-

bau von 1536. – Der vierstöckige ehemalige **Fruchtkasten,** Karlsplatz 6, war einst das Schloss der Grafen von Württemberg und wurde im 17. Jahrhundert umgebaut. – Im Süden und Westen des Ortes sieht man noch Reste der ehemaligen **Ummauerung** mit Wehrgang. – Nördlich der Stadt steht die ehemalige **Kapelle heilige Katharina,** die 1954 zu einer evangelischen Kirche ausgebaut wurde.

Inzigkofen (620 m)

■ **Auskunft:**

Gemeinde Inzigkofen, Ziegelweg 2, 72514 Inzigkofen, Telefon (0 75 71) 73 07-0.

■ **Geschichte:**

Inzigkofen wurde 1306 in einem Habsburger Urbar als zum Bereich der damals habsburgischen Herrschaft Sigmaringen gehörend erstmals genannt. Nach verschiedenen Vorbesitzern kam der Ort 1421 an die Herren von Werdenberg, 1534 an die Fürsten von Fürstenberg und 1540 an die Hohenzollern.

Das **Kloster** wurde 1354 von zwei Schwestern gegründet, die sich mit zwei Gesinnungsgenossinnen ein Haus bauten und sich von Spinnen, Nähen, Stricken und Almosen ernährten. Sie lebten nach den Grundsätzen der Beginen in

Der Amalienfels bei Inzigkofen erhebt sich direkt über der Donau.

absoluter Armut; später schlossen sie sich dem Franziskanerorden an. Durch Schenkungen wurde das Kloster wohlhabend und konnte 1770/71, als es eine große Teuerung gab, täglich sogar an bis zu 400 Personen Almosen und Brot abgeben. Die erste Kirche wurde 1388 erbaut. Im Dreißigjährigen Krieg wurde die Anlage teilweise zerstört, danach von 1659 bis 1680 von dem Vorarlberger Baumeister Michael Beer neu errichtet, 1725 wurde das Verwalterhaus erbaut. Ab 1728 folgte die Klostermauer und 1780 die jetzige Kirche im Stil des Spätbarock und des frühen Klassizismus; Baumeister war der Haigerlocher Christian Großbayer. Das Chorfrauenstift wurde 1802 aufgehoben. Die gewaltige hufeisenförmige Klosteranlage ist heute noch fast unversehrt erhalten.

Das zweigeschossige ehemalige **Amtshaus** stammt von 1726 und wurde 1811 als Sommersitz der eigenwilligen Fürstin Amalie Zephyrine umgebaut. Auch Erbprinz Karl Anton und seine Gemahlin hielten sich gerne hier auf. Seit 1948 befindet sich das »Volkshochschulheim Inzigkofen« in der Anlage.

Die katholische **Pfarrkirche Sankt Johannes Baptist** ist die 1780 von Christian Großbayer errichtete ehemalige Klosterkirche. Kanzel und Altäre stammen von 1780. Interessant ist das Abschlussgitter der Nonnenempore, das von den Nonnen aus Haselstöcken, Gips und Pappmaché errichtet wurde. Die Altäre sind von Johann Baptist Hops II

und Andreas Meinrad von Ow. Die hölzerne Pieta am linken Seitenaltar stammt aus dem 16. Jahrhundert, das Vesperbild kam 1583 aus der abgebrannten Kirche auf dem Bussen hierher. Sehenswert sind die Kanzel aus marmoriertem Holz, die geschnitzten Beichtstühle (1780) und die verschiedenen Skulpturen.

Die **Klausurgebäude** wurden von Michael Beer 1659 bis 1663 errichtet, wobei der zweigeschossige Osttrakt des um 1475 erbauten Vorgängergebäudes und der zweigeschossige Kreuzgang erhalten blieben. Im Nordwestflügel befinden sich der Prälatensaal und die ehemalige Hauskapelle. Südlich der Kirche steht das Teehaus, das 1810 als Wachlokal errichtet und 1840 zu einem Speisesaal der Fürstenfamilie umgebaut wurde.

Sehenswert ist auch das nach altem Muster angepflanzte **Klostergärtlein.** Es werden etwa 200 Arten von Gewürz-, Tee- und Heilpflanzen angebaut, außerdem alte Kulturpflanzen wie Dinkel, Hirse, Emmer, Buchweizen, Lein, traditionelle Färbepflanzen und Blumen aus Bauerngärten. 1997 kamen Bachblüten- und Hildegard-Pflanzen hinzu. – Die ehemalige **Klostermauer** ist noch mit einer Länge von rund neunhundert Metern und einer Höhe von sieben Metern erhalten. – Der rund 25 Hektar große wildromantische **Schlosspark** wurde 1811 bis 1846 auf Wunsch der Fürstin Amalie Zephyrine angelegt. Zahlreiche ausländische Baumarten wurden hier gepflanzt. Außergewöhnlich sind das Felsentor und die geschwungene Teufelsbrücke, die über eine zwanzig Meter tiefe Schlucht führt. Sie war ab 1834 eine Holzbrücke und wurde ab 1895 aus Beton neu erbaut. – Auch den **Grotten** und dem **Aussichtplateau Känzele,** das einen herrlichen Blick ins Donautal ermöglicht, sollte man einen Besuch abstatten. Die bis zu zehn Meter hohen, 17 Meter langen und elf Meter breiten Grotten sind Auswaschungen im Massenkalk. – Der rund dreißig Meter hohe **Amalienfels** ragt steil in die Donau hinaus und ist mit der Inschrift »Andenken an Amalie Zephyrine 1841« und dem Allianzwappen der Fürstin versehen. – Auf der anderen Donauseite steht die 1817 von der Fürstin Amalie als Teehaus errichtete **Eremitage.** Sie wurde 1948 als einfacher Holzbau neu errichtet.

■ **Museum:**

Bauernmuseum. Zehntscheuer. Hier zeigt die Ortsgruppe des Schwäbischen Albvereins 500 Fahrzeuge, Schlitten, landwirtschaftliche Maschinen und Geräte aus der Zeit vom 19. bis etwa Mitte des 20. Jahrhunderts. Telefon (0 75 71) 5 24 15.

Mühlheim an der Donau (667 m)

■ **Auskunft:**

Kultur- und Verkehrsamt, Hauptstraße 16, 78570 Mühlheim an der Donau, Telefon (0 74 63) 89 03.

■ **Geschichte:**

Mühlheim gehört zu den sehenswertesten Orten im Oberen Donautal. Das altertümliche Städtchen liegt auf einem Umlaufberg der Donau, rund vierzig Meter über dem Tal, und erweckt mit der noch fast unveränderten mittelalterlichen Anlage, den Stadtmauern, dem Torturm und den Fachwerkhäusern den Eindruck einer wehrhaften Burganlage. Es lag an einem alten Handelsweg, der vom Bodensee kam, hier die Donau überquerte und über Kolbingen nach Rottweil zog. Aufgrund von Münzfunden wird vermutet, dass die Straße bereits zur Römerzeit bestand. Ab dem 12. Jahrhundert gehörte die Stadt den Zollern und im 14. Jahrhundert nannte sich Graf Friedrich V. von Zollern Graf »Müllin«. 1255 wurde Mühlheim als ummauerte Stadt genannt. Sie wurde 1391 an Ritter Konrad von Weitingen, später an die aus der Pforzheimer Gegend stammenden Brüder Friedrich und Engelhard von Enzberg verkauft. Die Herrschaft der Enzberger endete 1806, als der Ort an Württemberg kam.

■ **Besichtigung:**

Von Süden betritt man die Stadt durch das mit einem Spitzbogen und Buckelquadern ausgestattete, 1470 genannte **Obere Tor.** – In der Vorderen Gasse stehen einige **Fachwerkhäuser,** darunter das erkergeschmückte **Schwesternhaus.** – Das gotische **Fachwerkrathaus** stammt aus dem 14. Jahrhundert

Mühlheim an der Donau liegt hoch über der Donau am Berg.

und wurde 1512 erstmals erwähnt. Eine Säule mit einem romanischen Kapitell mitten in dem Gebäude weist sogar auf eine Bauzeit um 1200 hin. Auf dem Dach sitzt ein Dachreiter mit einer Glocke von 1416. Das Erdgeschoss wurde in Form einer offenen Laube erbaut und diente früher als Kaufhaus, in dem die Kaufleute der Stadt ihre Waren, vor allem Salz und Getreide, aufbewahren und anbieten konnten. – Gegenüber des Rathauses steht das »**Wallenburg**« genannte Haus, das einst der Adelsfamilie Wallenburg gehörte. Daneben sieht man das **Vogtshäusle,** in dem der Stadtvogt der Enzberger wohnte.

Das **Hintere Schloss** der Herren von Mühlheim bietet vom Donautal aus einen imposanten Anblick. Hier hatten von 1409 bis zum Übergang

an Württemberg die Freiherren von Enzberg ihren Sitz. Die erste Burg an dieser Stelle stammte wohl aus der Zeit der Stadtgründung (um 1200). 1559 wurde die Burg renoviert, dabei verfüllte man auch den durch die Entwicklung neuer Kriegstechniken nutzlos gewordenen Graben. Das heutige Schloss wurde etwa 1750 bis 1755 nach Plänen des Baumeisters des Deutschen Ordens, Johann Caspar Bagnato, im Barockstil umgebaut. Es ist mit einem prächtig verzierten Portal geschmückt, an dem unter anderem das Wappen der Enzberger zu sehen ist.

Das **Vordere Schloss** stammt aus der Spätgotik und steht am Platz der ehemaligen Burg. Es wurde 1470 im Zuge einer Teilung der Herrschaft zwischen Friedrich und Engelhard von Enzberg erbaut und besitzt eine schöne Innenausstattung. Heute befinden sich hier das Kultur- und Verkehrsamt, das Museum im Vorderen Schloss und Veranstaltungsräume.

Der Turm der von 1794 bis 1796 im klassizistischen Zopfstil errichteten katholischen **Pfarrkirche Sankt Maria Magdalena** stammt aus der Romanik (Anfang 13. Jahrhundert). Unten sieht man noch einige Steine des alten Buckelquadermauerwerks. Die Kirche ist teils im Stil des Klassizismus, teilweise im Rokokostil eingerichtet, dazu findet man moderne Werke. Am Altar sieht man ein Gemälde des Mühlheimer Malers Anton Korb (1774). Der Kruzifixus stammt aus der späten Gotik, die Kanzel und die farbig gefasste Skulptur Maria Himmelskönigin wurden im Barock geschaffen. – Hinter dem Hinteren Schloss an der Steige ins Tal steht die 1610 errichtete **Sebastianskapelle** (Pestkapelle) an der Stelle, an welcher der letzte Pestkranke starb. Sie ist mit Wappen der Enzberger, runden Totenschildern (17. Jahrhundert) und einem Barockaltar (1727) ausgestattet.

Am **Narrenbrunnen** sieht man eine typische Mühlheimer Schellennarren-Figur. – In der Kirchgasse befindet sich der **Galgenbrunnen,** der aus 36 Meter Tiefe das Grundwasser der Donau holte. Früher war er etwa drei Mal so tief wie heute. – Den **Kirchgassenbrunnen** findet man in der Nähe der Kirche.

Einst war die Stadt von einer acht Meter hohen **Stadtmauer** mit Wehrgang umgeben, beim Oberen Tor befand sich ein Zwinger. Ab 1723 baute man die Häuser direkt auf und über die Mauer, was den Eindruck einer Spitzwegidylle erweckt.

■ **Museum:**
Museum im Vorderen Schloss. Schlossstraße 1. Heimatmuseum. Telefon (0 74 63) 18 70.

■ **Sehenswertes in der Umgebung:**
Wenn man an der Sebastianskapelle vorbei hinab zur Donau fährt, liegt rechts bei einem Parkplatz das **Schwedengrab.** Es erinnert an 300 schwedische Reiter, die am 21. Februar 1633 in einer Schlacht gegen die Kaiserlichen in Mühlheim gefallen sind. Damals überfielen 4000 gut ausgerüstete kaiserliche Reiter die hier in ihren Quartieren liegenden Schweden.

In der so genannten **Altstadt** auf der anderen Seite der Donau steht ein schönes Ensemble mit der Sankt-Gallus-Kirche, der Veitskapelle und dem Mesnerhaus. Hier befand sich früher ein Römerkastell. Die 1275 erstmals erwähnte **Sankt-Gallus-Kirche** war die Mutterkirche der Gegend und geht auf die Frühzeit des Christentums zurück. Der erste Bau wurde wohl im 10./11. Jahrhundert errichtet. 1734 wurde die Kirche barockisiert. Der schlichte romanische Bau zeigt ein interessant gemustertes Mauerwerk. Die

Schichtung von dunklen und hellen Steinen verschiedener Farben ist ein typisches Merkmal der Romanik des 10. und 11. Jahrhunderts. Innen sieht man gotische Fresken aus dem 14. und 15. Jahrhundert. – Daneben steht das zweigeschossige **Mesnerhaus.** – Die 1458 erstmals erwähnte **Veitskapelle** diente bis zur Renaissancezeit als Beinhaus. Auch eine Wallfahrt gab es hierher, die von einem großen Kinderfest begleitet war. Die Kapelle besitzt eine bemerkenswerte Außenkanzel im Rokokostil aus dem 18. Jahrhundert.

Auch an der Straßengabelung nach Mahlstetten beziehungsweise Kolbingen liegt mit dem Gutleuthaus, der Georgskapelle und der Linde ein sehenswertes Ensemble. Im **Gutleuthaus** wurden im Mittelalter die Siechen (Kranken) untergebracht, danach diente es als Armenhaus. Die mächtige **Linde** erinnert an einen ehemaligen Gerichtsplatz. In der **Georgskapelle** sieht man eine alte Skulptur. Daneben steht ein Kruzifix.

Ein schöner Spaziergang führt zur **Wallfahrtskirche Maria Hilf** (800 m). Sie ging aus einem um 1500 bekannten Bildstock hervor; eine erste Kapelle wurde 1652 errichtet. Danach gab es eine große Wallfahrt, zu der Pilger unter anderem aus dem Elsass, dem Schwarzwald, Burgund, Vorarlberg und aus der Schweiz kamen; bis zu 30 000 jährlich sollen es gewesen sein. 1661 wurde die steinerne Kirche »Maria Hilf« erbaut, 1754 bis 1756

hat man eine Kirche im Barockstil errichtet. Zur Zeit der Aufklärung nahm das Interesse an der Wallfahrt ab, die schließlich 1811 verboten wurde. Die letzte Messe fand 1812 statt. 1813 wurde die Kirche größtenteils abgebrochen.

Auf dem Weg zur Kirchenruine Maria Hilf steht das blechbeschlagene **Glitzrige Kreuz** (758 m). Von hier aus hat man einen schönen Blick in das Donautal und auf Mühlheim mit seinen Schlössern.

Münsingen (706 m)

■ **Auskunft:**

Tourist-Information, Bachwiesenstraße 7, 72535 Münsingen, Telefon (0 73 81) 1 82-1 45.

■ **Geschichte:**

Die Umgebung Münsingens war bereits zur Hallstatt- und La-Tène-Zeit besiedelt. Im fränkischen Herrschaftssystem der Huntare wurde die Stadt erstmals 770 erwähnt. 804 bestand bereits eine Pfarrei, eine weitere Nennung war 809. Der Name geht auf den alamannischen Namen Munigis zurück; man fand auch Reihengräber aus der Zeit der Alamannen. Der Ort gehörte wie die Umgebung den Grafen von Urach, ab 1263 Württemberg, das sein Gebiet bis ins 16. Jahrhundert durch Zukäufe von den umliegenden Adeligen beziehungsweise vom Kloster Stein am Rhein erweiterte. Noch vor 1339 wurde Münsingen zur Stadt ernannt und als Grenzort befestigt. Bedeutend für Württemberg wurde Münsingen am 14. Dezember 1482, als im Schloss von den Grafen Eberhard im Bart und dessen Vetter Eberhard dem Jungen der Münsinger Vertrag abgeschlossen wurde. Damit wurde die von den Brüdern Graf Ludwig I. und Ulrich V. von Württemberg 1442 beschlossene Landesteilung aufgehoben. 1378 im Städtekrieg und im Dreißigjährigen Krieg wurde die Stadt schwer beschädigt.

■ **Besichtigung:**

Münsingen besitzt ein ansprechendes Ortszentrum mit alten Fachwerkhäusern aus dem 17. Jahrhundert am Marktplatz und in den umliegenden Straßen. – Im **Schloss**, einem herrschaftlichen und mit seinen kleinen Fenstern abweisend wirkenden Bau, wurde 1482 der bedeutende Münsinger Vertrag abgeschlossen. Das Schloss ging aus einer im 13./14. Jahrhundert erbauten Stadtburg hervor und wurde 1483 bis 1485 als Fruchtkasten neu erbaut. Heute sitzt hier das Heimatmuseum. – Das **Fachwerkgebäude** daneben mit dem Rundturm war vielleicht früher die Burg, in dem einst die Oberamtei saß; im Steuerbuch von 1772 wurde dieses Gebäude als Schloss bezeich-

Der Brunnen in Münsingen ist von einem wappenhaltenden Löwen gekrönt.

net. – Gegenüber des Schlossareals steht das **Gasthaus Post**. – Das Gebäude gegenüber wurde 1798 erbaut und bis 1812 als **Kameralamt** verwendet. – Die 804 erwähnte **Kirche Sankt Martin** erinnert an die Architektur der Bettelorden. Das heutige Bauwerk stammt aus dem 13. Jahrhundert. Der Chor besitzt ein Rippengewölbe und spätgotisches Maßwerk und wurde, wie Inschrift und Meisterzeichen bezeugen, 1495/96 von Peter von Koblenz erbaut. Der aus dem 13. Jahrhundert stammende Turm erhielt 1887/88 eine neugotische Bekrönung nach Plänen von Christian Friedrich Leins; heute ist der Turm 51 Meter hoch. Das Sternrippengewölbe ist mit figürlichen Schlusssteinen mit Heiligenbildern und Wappenschildern verziert. Erwähnenswerte Einrichtungsstücke sind die Barockorgel von 1758, die hölzerne Kanzel mit Knorpelwerk (17. Jahrhundert), der 1506 geschaffene Taufstein, das spätgotische Kruzifix und moderne Glasfenster. Sehenswert sind auch die verschiedenen Skulpturen aus dem 15. Jahrhundert. – Zusammen mit den kleinen **Häuschen** um die Kirche ergibt sich ein sehenswertes Ensemble. – Östlich der Kirche steht am Kirchplatz die ehemalige **Stadtschule** (Deutsch- und Lateinschule). – Das **alte Rathaus** aus dem 17. Jahrhundert war früher vielleicht ein herzogliches Jagdzeughaus; es ist ein breiter Massivbau und besitzt Rundbogenarkaden und Zierfachwerk. – Gegenüber sehen wir das

Gasthaus Waldhorn-Ausleger. – Der achteckige **Brunnen** mit den vier Röhren entstand um 1600. Auf der Brunnensäule steht ein Löwe mit dem württembergischen Wappen. Der Brunnen war eine Besonderheit auf der wasserarmen Schwäbischen Alb. – Nördlich des Brunnens sehen wir das **Pflügersche Haus**. – Am östlichen Ende der Salzgasse steht der **Fruchtkasten** der Stiftspflege.

■ **Museen:**
Heimatmuseum. Fruchtkasten beim Schloss. Schlosshof 2. Reich ausgestattetes Heimatmuseum.

Ausstellung Max Kommerell. Zehntscheuerweg 11. Erinnerungen an den Dichter und Literaturwissenschaftler.

Telefonische Auskunft über beide Museen gibt es unter (0 73 81) 1 82-1 15.

■ **Sehenswertes in der Umgebung:**
Südlich der Stadt liegt das rund hundert Hektar große **Naturschutzgebiet Beutenlay,** wo man außer einer typischen Albflora mit Wacholder auch zahlreiche Ameisenhügel findet. Es ist durch einen Rundweg erschlossen.

In der Nähe befindet sich der ehemalige **Truppenübungsplatz Münsingen.** Zur Zeit der Entstehung dieses Buches war noch nicht bekannt, was aus ihm wird. Sollte er für die Bevölkerung geöffnet werden, kann man in einer herrlichen Natur wandern. Da er seit

Jahrzehnten für die Allgemeinheit gesperrt war, findet man hier zahlreiche seltene Pflanzen.

Neuffen (408 m)

■ **Auskunft:**

Stadt Neuffen, Hauptstraße 19, 72639 Neuffen, Telefon (0 70 25) 1 06-0.

■ **Geschichte:**

Neuffen war schon früh besiedelt, wie man an vor- und frühgeschichtlichen Funden erkennen kann. So lag beispielsweise eine alamannische Siedlung in der Mitte des Ortes. Um 1100 ist er als Niefen in einer Urkunde des Klosters Zwiefalten erwähnt worden. Anfang des 13. Jahrhunderts wurde er von den edelfreien Herren von Neuffen zur Stadt erhoben. Für 1232 ist der Bau einer Ummauerung mit Toren und Türmen bezeugt. Bedeutende Vertreter der Herren von Neuffen waren Berthold II., der Bischof von Brixen wurde, und Gottfried, einer der bekanntesten Minnesänger, von dem fünfzig Lieder in der Heidelberger Liederhandschrift erhalten sind. 1301/03 wurde Neuffen an die Grafen von Württemberg verkauft und war bis 1807 Amtsstadt. Im Dreißigjährigen Krieg brannte die Stadt fast vollständig nieder; anschließend dezimierte die Pest zwei Drittel der Bevölkerung.

Neuffen besitzt nicht nur eines der wenigen Weinanbaugebiete der Schwäbischen Alb, sondern ist auch das höchstgelegene Anbaugebiet Württembergs.

■ **Besichtigung:**

Die gotische **Martinskirche** ging aus einer 1275 erwähnten romanischen Vorgängerkirche hervor und wurde nach dem Brand 1634 in den Jahren 1647 bis 1650 neu erbaut. Bis 1542 war sie vom Friedhof umgeben. Die Kirche besitzt drei Schiffe und einen mit einem Kreuzrippengewölbe geschmückten Chor. Sehenswert sind das Altarkreuz (17. Jahrhundert), der außergewöhnlich reich verzierte Kanzeldeckel (1620) und verschiedene Grabsteine des Ortsadels, wovon der des 1479 gestorbenen Berthold Schilling von Cannstatt besonders schön ist. Der große Ölberg an der westlichen Außenfront wurde 1504 von Meister Christoph von Urach geschaffen.

Das mächtige, frühbarocke **Rathaus** wurde 1657 nach den Zerstörungen des Dreißigjährigen Krieges neu erbaut. Unter seinen Arkaden fand früher Markt statt. – Der **Brunnen** entstand in der Zeit des Klassizismus. – Gegenüber dem Chor der Kirche steht der **Große Fruchtkasten,** die ehemalige Zehntscheuer. – Die **Stadtkelter** auf dem Kelterplatz hinter dem Rathaus war eine der einst fünf Keltern Neuffens und wurde 1760 erbaut. Daneben steht der um 1600 errichtete **Kleine Fruchtkasten.**

Das an der Stadtmauer liegende gotische **Große Haus** der Familie

Schilling von Cannstatt, die hier seit dem 13. Jahrhundert begütert war, erinnert an die Zeit des Adels. Heute ist hier das Stadtmuseum beheimatet. – Das **Melchior-Jäger-Haus** wurde 1590 von dem herzoglich-württembergischen Geheimen Rat Melchior Jäger von Gärtringen erbaut, der 1611 in Neuffen starb. Von 1745 bis 1926 diente das Walmdachhaus mit den beiden quadratischen Ecktürmen als Sitz für Behörden. Es gehörte der schwäbischen Reichsritterschaft und ging 1745 an Württemberg über. – Auch das Gebäude **Unterer Graben 26,** heute Sitz des Deutschen Ordensmuseums, ist ein alter Herrensitz.

Beliebt sind die Eisenbahnfahrten mit dem historischen **Sofazügle** von Nürtingen nach Neuffen. Auskunft gibt es abends unter Telefon (0 70 25) 23 00.

■ **Museen:**

Deutsches Ordensmuseum, Unterer Graben 26, Telefon (0 70 25) 39 65.

Stadtmuseum, Schillingstraße 14, Telefon (0 70 25) 77 92.

Trochtelfingen (700 m)

■ **Auskunft:**

Rathaus Trochtelfingen, Rathausplatz 1, 72818 Trochtelfingen, Telefon (0 71 24) 48 21.

Neuffen: Rathaus und Kirche

■ **Geschichte:**

Trochtelfingen zählt zu den schönsten Fachwerkorten der Schwäbischen Alb. Der vermutlich in der Zeit von 1200 bis 1219 durch Pfalzgraf Rudolf von Tübingen gegründete und 1161 als Truhdolvingen erstmals genannte Ort besitzt eine reiche Geschichte. Die Gegend war bereits ab der Bronzezeit dicht besiedelt. 755 wurde eine »Trogolfinger marca« beurkundet. Der Ort gelangte 1310 an die Württemberger, damals wurde er erstmals als Stadt genannt. 1316/17 kam er an die Grafen von Werdenberg, da eine Tochter von Graf Eberhard dem Erlauchten einen Grafen dieses Geschlechts geheiratet hatte. Eberhard überließ seiner Tochter Trochtelfingen als Aussteuer. Die Stadt kam 1534 nach dem Aussterben der Werdenberger durch Heirat an die Fürstenberger und 1806 an die Hohenzollern.

1320 gab es einen ersten Stadtbrand. Die bereits vorher ummauerte Stadt erneuerte danach die Befestigung und erbaute das Obere und das Untere Stadttor sowie die Wachthäuser. Anfang des 19. Jahrhunderts wurden die Befestigung aufgegeben und Tore und Türme abgebrochen.

Der Stadtkern ist seit 1979 denkmalgeschützt. Die meisten der zahlreichen Fachwerkhäuser wurden nach dem Brand 1726 errichtet; sie sind mit Zierformen und geschnitzten Pfosten mit Neidköpfen und dekorativen Fensterumrahmungen geschmückt. Auch von der Stadt-befestigung sind noch Reste zu sehen.

■ **Besichtigung:**

Wir beginnen unseren Rund-gang in der Unteren Gasse, wo sich ein Parkplatz befindet. An seiner Stelle stand früher ein Farrenstall. Hier kann man an zwei Stellen noch die innere **Stadtmauer** sehen. – Auf dem **Haus,** das an der Einmündung in die Marktstraße links zu sehen ist, lag früher das Recht, Salzhandel zu betreiben. – Gegenüber steht das **Gasthaus Zum Greifen,** das auf das Mittelalter zurückgeht. Hier hatten in den dreißiger Jahren des 20. Jahr-hunderts die Juden ihr Quartier und betrieben Viehhandel.

Wir halten uns in der Markt-straße rechts. An der Ecke zur Obe-ren Gasse steht das **Spohnsche Haus,** Marktstraße 25, das früher das Monopol für den Eisenwaren-handel besaß. – Am Rechtsknick der Marktstraße sehen wir das **Gast-haus Ochsen** (früher Goldene Krone). Hier begann 1726 ein gro-ßer Stadtbrand, der mit 52 Häusern einen Großteil der Stadt zerstörte. Die Fachwerkhäuser, die man heute sieht, sind alle nach diesem Brand entstanden.

Links steht ein **Bürgerhaus** von 1726 mit fränkischem Fachwerk. Es wurde im Jahr 1948 freigelegt, die Balken wurden mit Ochsenblut be-strichen. Danach hat man auch das Fachwerk der anderen Häuser der Stadt freigelegt.

Wenn wir der Marktstraße fol-gen, sehen wir mächtige Fachwerk-häuser, zum Beispiel die **Schlossapo-theke,** das **Café Hanner** (1723/28) und das **Haus Silberburg** (1715). Links am Schlossplatz kommen wir zum Haus der Fürstlich Fürstenbergi-schen Standesherrschaft. Es wurde 1791 erbaut, diente bis 1869 als **Rentamtskanzlei** und 1923 bis 1954 als Postamt. – Dahinter steht die 1771 erbaute **Zehntscheuer,** in der bis 1869 die Naturalabgaben für die Fürstenberger gesammelt wurden.

Links oberhalb steht das mit einem Staffelgiebel geschmückte, dreigeschossige **Schloss** der Wer-denberger. Über dem bis 1869 einzigen Eingang befindet sich ein spätgotischer Wappenstein. Das Gebäude wurde um 1450 erbaut, diente bis 1806 als fürstenbergische Obervogtei, bis 1850 als hohen-zollerische Obervogtei, bis 1861 als preußisches Oberamt und nach dem Kauf durch die Stadt 1869 als Rat- und Schulhaus. Auf dem Turm schlägt das »Lumpenglöckle«, das früher denjenigen, die noch spät unterwegs waren, den Weg weisen sollte.

Hinter dem Schloss, kurz vor der Straße Am Hohen Turm, kom-men wir zum ehemaligen **Oberen Tor/Pulverturm,** der heute vom Trochtelfinger Narrenverein genutzt wird. Ursprünglich standen hier zwei Türme, rechts ein Backsteinturm und auf der linken Seite des Oberen Tores ein weiterer, kleinerer Turm,

Der Hohe Turm in Trochtelfingen wirkt heute noch recht wehrhaft.

der 1730 Bierturm genannt wurde. Rechts beginnt die Straße Am Graben, deren Namen auf den Graben zwischen der inneren und mittleren Stadtmauer hinweist. – Wenn wir nach links abbiegen, kommen wir zum **Heimatmuseum,** danach zum **Hohen Turm,** der 28 Meter in den Himmel ragt und zur ehemaligen Stadtbefestigung gehörte. Seine Mauer ist unten 2,80 Meter mächtig, sein Umfang beträgt 48 Meter. Der Turm wurde im 16. Jahrhundert mit sechs Mauerringen, innerem Wehrgang, Schießscharten und einem Spitzdach erbaut. 1822 wurden das Spitzdach und zwei Stockwerke

abgetragen. Vom Turm aus hat man früher mittels Rauch- und Lichtzeichen Nachrichten weitergegeben. Ab 1910 diente er eine Zeit lang als Wasserreservoir. – Gegenüber steht die 1894 im Jugendstil erbaute **Alte Apotheke,** die derzeit ziemlich heruntergekommen aussieht.

Unterhalb des Turms befindet sich die katholische **Kirche Sankt Martin.** Ihr Chor und Unterteil wurden nach dem Stadtbrand von 1320 erbaut, bei dem die Vorgängerkirche zerstört worden war. Das Langhaus geht auf das Jahr 1451 zurück. Der Turm stammt noch aus der Zeit vor dem Brand. 1823 fand eine umfassende Neugestaltung statt. Graf Eberhard II. der Greiner ließ im 14. Jahrhundert unter dem rechten Seitenaltar eine Familiengruft einrichten. 1501 wurde sie zur Kollegiatskirche (Stiftskirche) erhoben. 1823 fanden große Veränderungen statt. Innen sieht man ein Kreuz von Anfang des 17. Jahrhunderts, flankiert von drei trauernden Frauen (um 1430), die vielleicht von einem Heiligen Grab stammen und der Ulmer Schule zugeschrieben werden. Im Chor befinden sich Skulpturen der Heiligen Martin und Nikolaus, im Chorrippengewölbe Malereien von etwa 1430. Die aus Holz geschnitzte Maria im so genannten schönen Stil stammt von etwa 1430 und wird der Ulmer Schule zugeschrieben. Der Taufstein im Langhaus wurde im 15. Jahrhundert geschaffen. Das Fresko »Jüngstes Gericht« an der Nordwand ist von etwa 1480. Beim Josefsaltar befindet sich das steinerne Grabmal des Johann von Werdenberg († 1465) mit einer Figur des Ritters. Darunter liegt die Werdenbergische Gruft, in der zwölf Grafen beigesetzt wurden. An den Außenseiten der Kirche sieht man schöne Epitaphien, an der Nordseite ein prächtiges Wappen und an der Südseite ein Fresko mit dem Thema »Im Garten Gethsemane« von etwa 1500.

Dann gehen wir an der Südseite der Kirche entlang und zwischen den beiden Häusern, das linke ist die Magdalenenpfründe, auf Treppen hinab. Die **Magdalenenpfründe**

ist eine der neun Pfründen, die um 1500 entstanden. Sie wurden von Mitgliedern der Herrschaft gestiftet und der jeweilige Kaplan musste an einem ihm zugewiesenen Altar Messen für das Seelenheil seiner Stifter lesen.

Wir halten uns in der Pfarrgasse rechts und kommen zur 1838 erbauten **Pfarrscheuer,** in welcher der Zehnte gelagert wurde, und zur **Scheuer der Stadtmühle** (1883). Dann gehen wir zurück, biegen vor der Magdalenenpfründe nach rechts ab und steigen die Treppe hinab zur Straße Neckarhalde. – In der Pfarrgasse standen die **Kaplanereihäuser,** von denen eines bis 1747 als Schulhaus diente.

Wir gehen nun die Pfarrgasse nach rechts hinunter zur um 1500 erwähnten und 1962 stillgelegten **Stadtmühle,** eine der vier Mühlen Trochtelfingens. – Rechts davon befindet sich die **Alte Brunnenstube/ Pumphaus** aus dem 16./17. Jahrhundert. Sie war an die Stadtmauer angebaut. Von hier aus wurde Wasser zum Schlossbrunnen gepumpt.

Anschließend spazieren wir zurück zur Stadtmühle, überqueren hier die Seckach wieder nach links und gehen die Straße Neckarhalde nach rechts entlang. Nun kommen wir zu einer der beiden früheren **Badstuben.** – Wir biegen nach rechts ab und sehen ein Stück **Stadtmauer,** danach ein **Waschhaus** von etwa 1792, in dem bis in die dreißiger Jahre des 20. Jahrhunderts die Frauen der Stadt ihre

Wäsche wuschen. – Rechts stehen das Haus und die **Schmiedewerkstatt des Künstlers Mecki** (Josef Hack), von dem die schönen Wirtshausschilder der Stadt stammen. Danach überqueren wir die Seckach nach rechts und gehen auf ihrer rechten Seite weiter.

Es folgt das **Albquell-Bräuhaus** mit dem Krugmuseum. Die Seckach war hier zwischen der inneren und der mittleren Stadtmauer eingebettet, der Steinbogen über den Bach ist ein Überbleibsel der mittleren Stadtmauer. Wir gehen weiter, bis wir wieder auf die Marktstraße treffen. – Rechts sehen wir die 1363 erwähnte **Erhardkapelle** (Friedhofkapelle). Sie besitzt Fresken aus der Zeit um 1430 von dem einheimischen Künstler Heinrich Gretzinger. Sie waren verputzt und wurden erst 1910 freigelegt. – Rechts folgt das **Spittel** (Spital), in dem noch bis Anfang des 20. Jahrhunderts ältere, alleinstehende Leute gewohnt haben und von einem Spitalvater (Spittelvogt) betreut wurden.

Nun spazieren wir in der Marktstraße zurück. Kurz danach kommen wir zum **Stadtbrunnen,** der hier seit 1842 steht. Auf dem Brunnen kann man eine Kopie der Skulptur des heiligen Mauritius sehen, die 1779 von Johann Georg Weckenmann geschaffen wurde. Früher war der Brunnen die einzige Wasserquelle der Stadt. Rechts beginnt die Schmalzgasse, deren Häuser nach 1815 erbaut wurden. In ihren Fundamenten kann man Reste der mittleren Stadtmauer entdecken. Wenn man der Marktgasse noch etwas folgt, kommt man zurück zum Ausgangspunkt.

Tuttlingen (649 m)

■ Auskunft:

Tourist-Info im Rathaus Tuttlingen, Rathausstraße 1, 78532 Tuttlingen, Telefon (0 74 62) 99-3 40.

■ Geschichte:

Die Gegend um Tuttlingen war schon früh besiedelt, wie Funde aus der Steinzeit, der Bronzezeit, der Hallstatt- und der La-Tène-Zeit belegen. Um 800 v. Chr. lebten hier Kelten und in der Römerzeit gab es in der Nähe ein Kastell. Ab 260 entstanden die ersten alamannischen Siedlungen. 797 wurde die Stadt in einer Urkunde des Klosters Sankt Gallen als Tutiliningas erstmals erwähnt. Die Stadterhebung war 1338. 1376 kam Tuttlingen zu Württemberg. Ab etwa 1470 residierte der württembergische Amtmann beziehungsweise Vogt auf der damals erbauten Festung Honberg. Im so genannten »Städtekrieg« Württembergs gegen die freien Reichsstädte wurde Tuttlingen von Rottweil und Konstanz geplündert und in Brand gesetzt. Da die Stadt an alten Heerstraßen lag – beispielsweise führte die Römerstraße von Straßburg nach Rottweil vorbei –, musste sie immer wieder in Kriegszeiten leiden. Im November 1643 im Dreißigjährigen Krieg fand die Große Schlacht bei Tuttlingen statt, bei der die kaiserlich-kurbayerische Armee die französisch-weimarischen Truppen, die hier ihr Winterlager aufgeschlagen hatten, überfiel und vernichtete. 1645 zerstörte der Kommandant des Hohentwiel, Konrad Widerholt, die Festung Honberg.

Am 1. November 1803 gab es einen großen Brand, der die alte Stadt fast vollständig zerstörte. Danach wurde sie auf Befehl von Kurfürst Friedrich im Schachbrettmuster im Stil des Klassizismus rasterförmig wieder aufgebaut. Damals entstanden auch die für Tuttlingen typischen Häuser mit Walmdach, dem »Tuttlinger Hut«. Im 19. Jahrhundert wurde Tuttlingen zur Industriestadt, als sich die kleinen Handwerksbetriebe zu Fabriken für chirurgische Instrumente entwickelten.

■ **Berühmte Tuttlinger:**
Berühmte Tuttlinger waren Georg Wolfgang Krafft (1701 bis 1754), Professor für Mathematik,

Von der Ruine Honberg aus hat man einen schönen Blick auf Tuttlingen.

experimentelle und theoretische Physik an der Universität Petersburg, Carl Friedrich Stock (1780–1844), Salinenbaumeister und Baumeister bei König Friedrich, Anton Braun (*1686 in Möhringen, † 1728 in Wien), der in Wien am Kaiserhof Hofmathematikus war und die erste Rechenmaschine erfand. Einer der ersten, die ihre Stimme gegen die unseligen Hexenverfolgungen erhoben, war der Sohn des Tuttlinger Vogtes, Johann Georg Godelmann, von 1581 bis 1592 Professor an der Rostocker Universität.

■ Besichtigung:

Nach dem großen Brand 1803 blieb zwar keine Bausubstanz aus älteren Zeiten mehr übrig, trotzdem findet man aber noch viele idyllische Winkel. Außerdem sieht man immer wieder Jugendstilhäuser, manchmal ganze Fassaden aus jener Periode, aber auch oft nur einzelne Stilelemente. Geprägt wird das Stadtbild auch von den zahlreichen Skulpturen.

Auf dem Marktplatz stehen der 1987 von Martin Rissler erbaute **Pyramidenbrunnen** aus Edelstahl, ein herrliches Spielobjekt für Kinder, sowie weitere Skulpturen einheimischer Künstler. – Das **Rathaus** wurde 1804 bis 1807 im klassizistischen Stil von Carl Leonard von Uber als kubischer Bau mit einem Walmdach und zwei Türmchen erbaut. An der Marktplatzfront stehen zwei Figuren von Roland Martin. Früher befanden sich im Erdgeschoss ein Kaufhaus, die städtische Waage und die Polizeiwache. – Die evangelische **Stadtkirche** wurde 1815 bis 1817 im Stil des Spätklassizismus errichtet und erfuhr 1868 ihre erste Veränderung, als der Turm im Stil der Neo-Romanik umgebaut wurde. 1902/03 fand unter Heinrich Dolmetsch ein weiterer Umbau statt. Es entstand die farbige Jugendstilfassade, die in Südwestdeutschland kein vergleichbares Gegenstück besitzt. Die ägyptisierende Innenausstattung wurde 1815 bis 1817 geschaffen. – Die ehemalige **Oberamtssparkasse,** Waaghausstraße 10, wurde 1910 im historistischen Stil errichtet und zeigt Formelemente der Spätgotik und der Renaissance. – Das **Gasthaus Schwarzer Adler** auf der anderen Donauseite geht auf eine 1750 gegründete Gaststätte zurück. Die heutige Gestaltung mit den Jugendstilelementen – ausdrucksstarke Zementgussapplikationen mit Masken und Grotesken – stammt von 1905. – Interessant sind auch die **Villa Teufel** des Bildhauermeisters Max Teufel, Stockacher Straße 3, und der ehemalige **Badische Hof,** Möhringer Straße 2.

Das **Tuttlinger Haus,** Donaustraße 19, wurde 1803 im typischen Stil jener Zeit erbaut. Es besitzt ein mächtiges Walmdach und war beim Bau für zwei Bauernfamilien geplant, die Stockswerkseigentum – eine Tuttlinger Besonderheit – besaßen. Heute ist hier ein Museum untergebracht. – Nahebei findet man das Heimatmuseum im

Fruchtkasten, Donaustraße 50. Es ist der ehemalige Fruchtkasten der Württemberger, ein 1582 aus Bruchsteinen errichtetes Gebäude mit innerer Fachwerkkonstruktion. Als einziges Gebäude hatte es den Brand von 1803 überstanden. – Gegenüber des Heimatmuseums steht ein **Turm,** der zur ehemaligen Stadtbefestigung gehörte; er wurde nach dem Stadtbrand auf den übrig gebliebenen Mauern neu aufgebaut und als Gefängnis genutzt.

■ **Museen:**
   Tuttlinger Haus, Donaustraße 19, Telefon (0 74 61) 1 51 35.
   Fruchtkasten, Donaustraße 50, Telefon (0 74 61) 1 51 35.
   Galerie der Stadt Tuttlingen, Rathausstraße 7, Telefon (0 74 61) 99-3 18.
   Feuerwehrmuseum, Gaussstraße 11. Geöffnet nach Vereinbarung. Telefon (0 74 61) 29 78.

■ **Sehenswertes außerhalb des Zentrums:**
   Die **Ruine Honberg** ist der Rest einer einst mächtigen Anlage. Beeindruckend sind die Stümpfe der beiden Ecktürme, von denen der nördliche im 19. Jahrhundert einen Helm beziehungsweise Zinnenkranz erhielt. Die Anlage wurde um 1470 unter Graf Eberhard im Bart als wehrhafte Festung mit einem Wohnschloss für den Obervogt erbaut.
   Auf dem **Geologischen Lehrpfad** wird das Gestein um Tuttlingen erklärt. Ausgangspunkt ist die alte Donaubrücke, dann spaziert man am Sonnenbuckel hinauf zum Beginn des Lehrpfades. Der etwa acht Kilometer lange Weg ist mit einem Ammoniten als Zeichen markiert. Der Höhenunterschied beträgt etwa 200 Meter.

Veringenstadt (650 m)

■ **Auskunft:**
   Stadt Veringenstadt, Im Städtle 116, 72519 Veringenstadt, Telefon (0 75 77) 9 30-0.

■ **Geschichte:**
   Veringenstadt ist eine alamannische Gründung und wurde 786 erstmals in einer Schenkungsurkunde des Klosters Lorch erwähnt. Es wurde 1250 zur Stadt erhoben und erhielt 1285 von König Rudolf von Habsburg die Marktrechte. Ab 1534 war es österreichisches Lehen und gehörte zur Grafschaft Sigmaringen. Hier war früher das bedeutendste Abbaugebiet für Bohnerz in Süddeutschland. Das Erz wurde teilweise im Tagebau mit bis zu hausgroß gegrabenen Trichtern, teilweise auch im Untertagebau, gefördert und dann ins Lauchertal gefahren. Dort wurde es gewaschen und dann in den Schmelzöfen und Hammerwerken in Thiergarten und im Lauchertal verhüttet. 1877 wurden die Grabarbeiten eingestellt, die Hochöfen erloschen 1879. Für die Bevölkerung war das sicher tragisch,

Winterlicher Blick auf das alte Veringenstadt

denn an dieser frühen Industrie hingen zahlreiche Arbeitsplätze.

■ **Besichtigung:**

Man sieht einige alte Fachwerkhäuser, beispielsweise das **Rathaus** von 1415 (ältestes Rathaus Hohenzollerns), in dessen Untergeschoss sich früher die Markthalle und die Fruchtschranne befanden. – Das **Strübhaus** (»Haus der Malkunst um 1500«) ist ein Ackerbürgerhaus aus dem späten Mittelalter. Es wurde 1536 von dem Maler Peter Strüb dem Jüngeren, dem letzten der einheimischen Künstlerfamilie, erbaut. – Die neugotische **Pfarrkirche Sankt Nikolaus** wurde 1862 auf den Resten der romanischen Vorgängerkirche errichtet, wobei der romanische Turm und das Säulenportal mit Knospenkapitellen (um

163

1200) erhalten blieben. Sehenswert sind die spätgotische Sakramentsnische und verschiedene Skulpturen aus dem 16. Jahrhundert.

Der Platz der **Burg Veringen** war vermutlich bereits zur Keltenzeit besiedelt. Die Burg war Stammsitz der gleichnamigen Grafenfamilie. Zuerst wurde um 1050 eine Turmburg erbaut. Die **Burgkapelle Sankt Peter** aus dem 12. Jahrhundert ist noch erhalten. Sie wurde 1515 von Hans und Jakob Strüb mit Fresken ausgemalt. – Auf der Lauchertbrücke steht die **Skulptur** eines Neandertalers, der an die urzeitlichen Bewohner des Tals erinnert. Ihre Spuren fand man in den vier Wohnhöhlen, die sich im heutigen Stadtbereich befinden. – Um das alte Zentrum führt entlang der Lauchert der **Uferpfad Lebendige Lauchert** mit sieben Stationen.

■ **Museum:**
Heimatmuseum. Im Städtle 116. Geöffnet nach Vereinbarung. Telefon (0 75 77) 9 30-0.

■ **Sehenswertes in der Umgebung:**
Der **Heimatgeschichtliche Rundweg** hat drei Stationen: die »Verlassene Siedlung«, die »Erzgruben« und das »Schwammriff«. Bei der »Verlassenen Siedlung« sieht man einen alten Kellereingang, bei den »Erzgruben« sind in der Art eines Freilichtmuseums Gruben, Schachtöffnungen, Stollenanlagen, Förderanlage und Kohlenmeiler zu sehen und auf Tafeln erklärt. Am »Schwammriff« sieht man den Abbruch des Lauchertgrabens; außerdem hat man Aussicht bis zu den Balinger Bergen. Den Rundweg erreicht man, indem man von der Straße nach Inneringen aus zu einem nahe gelegenen Parkplatz fährt.

In der Nähe des Ortes befinden sich einige **Höhlen,** die bereits in vorgeschichtlichen Zeiten besiedelt waren. Der Eingang zur **Nikolaushöhle** ist zwölf Meter breit und sechs Meter hoch; es führt ein dreißig Meter langer Gang in den Berg, der am Schluss zwanzig Meter breit wird. In der Höhle fand man einen Kommandostab aus der Zeit zwischen 8000 und 4000 v. Chr. – In der **Göpfelsteinhöhle** entdeckte man Siedlungsspuren ab der Neandertalerzeit bis 600 n. Chr., unter anderem Schneidewerkzeuge aus Stein und Feuersteingeräte. Die Göpfelsteinhöhle besitzt einen fünfzig Quadratmeter großen Vorplatz. Der Weg dorthin ist vom Strübhaus in Veringenstadt aus beschildert.

In die **Annakapellenhöhle** führt ein zehn Meter langer Gang. Man erreicht die Höhle, wenn man der Beschilderung zur Göpfelsteinhöhle folgt. Wo der Fußweg zur Göpfelsteinhöhle abzweigt, folgt man der Straße noch 200 Meter weiter. Kurz bevor sie in die nach Harthausen führende Straße einmündet, geht man auf einem unscheinbaren Pfad den Hang hinauf. – Die **Mühlberghöhle** besitzt einen fünfeinhalb Meter breiten und vier Meter hohen Eingang. Sie ist zum Schutz der Fledermäuse abgeschlossen. In ihrem Eingangsbereich findet man das Höhleninformationszentrum mit interessanten Reliefs zu ihrer Entstehungsgeschichte, Tafeln und die lebensgroße Nachbildung eines Bären. – Die **Große** und die **Kleine Hagentorhöhle** liegen westlich vom Straßentunnel der B 32. Bei der Großen Höhle ist der Eingang 15 Meter breit und sieben Meter hoch.

Südlich der Stadt befindet sich **Veringendorf** (620 m). Es wird vermutet, dass der 1238 erstmals genannte Ort der erste Sitz der Grafen von Veringen war. Nach ihrem Aussterben war der Ort seit 1291 österreichisches Lehen und kam 1534 an Hohenzollern. Die **Pfarrkirche Sankt Michael** ist die älteste Kirche Hohenzollerns und geht mit ihrem markanten Turmpaar teilweise auf die Zeit um 1000 zurück. Um 1100 wurde sie neu erbaut und ab 1400 erweitert. Ab 1723 wurde das Schiff im Barockstil umgebaut und erweitert. Im Chor sieht man Reste von bedeutenden Fresken im Reichenauer Stil (um 1330), der durch schlanke Figuren gekennzeichnet ist. Das große, romanische Triumphkreuz im tonnengewölbten Chor stammt von etwa 1250. Die Bilder und Skulpturen der reich geschmückten Altäre sind zum Teil aus dem 15. Jahrhundert, ansonsten wie auch der sparsame Stuck, die Deckengemälde und die Orgel

aus dem Barock. Sehenswert sind auch die geschnitzte Madonna im »schönen Stil« (um 1430) und die etwa 1490 von der Ulmer Schule geschaffenen Schnitzfiguren Maria Magdalena und Johannes. Die graugoldene Barockkanzel mit den Figuren der Kirchenväter wurde Ende des 17. Jahrhunderts errichtet. Vom Ende des 15. Jahrhunderts stammt der Ölberg mit den Terrakottafiguren. Auf dem Friedhof sind noch einige Grabdenkmäler des 18. und 19. Jahrhunderts zu sehen. – Das barocke **Pfarrhaus** wurde 1739 erbaut und besitzt teilweise Sichtfachwerk mit geschnitzten Verzierungen. – Der interessante, dreiteilige **Nepomukturm** (Pesttürmchen) in der Dorfmitte erinnert an die Pest im Jahr 1638, als alle Bewohner des Oberdorfes bis zu dieser Stelle umkamen. Der Heilige im Turm jedoch ist kein Pestheiliger, sondern der heilige Johannes von Nepomuk, der als Brückenheiliger und Schutzpatron gegen Hochwasser verehrt wird.

Zwiefalten (538 m)

■ **Auskunft:**

Verkehrsamt Zwiefalten, Marktplatz 3, 88529 Zwiefalten, Telefon (0 73 73) 2 05 20.

■ **Geschichte:**

Das Kloster wurde 1089 von den kinderlosen Grafen Kuno und Luitpold von Achalm gestiftet, beteiligt war auch der Reformabt Wilhelm

von Hirsau. Aus Hirsau kamen auch die ersten Mönche. Ab 1091 war Zwiefalten Abtei. Die erste Steinkirche wurde 1109 geweiht. Das bereits im 12. Jahrhundert sehr bedeutende Kloster erlangte Berühmtheit für seine Buchmalerei und seine Goldschmiedekunst. Ab 1491 waren die Württemberger die Schutzvögte, bis das Kloster sich Mitte des 18. Jahrhunderts freikaufen konnte. Mit 70 Mönchen und 140 Laienbrüdern wurde 1138 der Höchststand erreicht. Eine weitere Blütezeit des Klosters war im Barock, als es eine rege Bautätigkeit gab.

Das doppeltürmige **Barockmünster** mit der mächtigen Schaufassade wurde von 1744 bis 1765, die **Klosteranlage** ab 1668 nach Vorarlberger Schema erbaut. Die Kirche ist 93 Meter lang und besitzt fast gleich hohe Türme. Baumeister war der berühmte Münchener Johann Michael Fischer. Im Inneren befindet sich eine prächtige Rokoko-Ausstattung in Weiß und Gold mit Stuckaturen und Stuckaltären von Johann Michael Feichtmayr, Deckenfresken von Franz Joseph Spiegler – das Fresko im Langhaus wird als eines der größten in Süddeutschland bezeichnet –, einem prächtigen Hochaltar und einer Schutzmantelmadonna von Meister Erhart aus Ulm (1430). Beachtenswert sind auch die weiteren Altäre, das schmiedeeiserne Chorgitter

Das barocke Münster in Zwiefalten mit seinen zwei Türmen

(1751–1757) vor dem Gnadenaltar, die reich geschmückte Kanzel, der Baldachin mit der Figur des Propheten Ezechiel am nördlichen Pfeiler, der dreisitzige Abtsstuhl und das geschnitzte Chorgestühl (1744–1752) von zwei Riedlinger Künstlern. Etwas Besonderes sind die Beichtstühle, die in Form von Grotten erbaut wurden. In der Vorhalle sieht man ein überlebensgroßes Kruzifix von Anfang des 16. Jahrhunderts; es stammt aus der Werkstatt des Niklaus Weckmann. – Die barocke **Klosterbrauerei** wurde 1724 erbaut. – Im Ort stehen noch einige **Fachwerkhäuser** aus dem 17. und 18. Jahrhundert. – Der **Marienbrunnen** trägt eine Doppelfigur von etwa 1700. – An der Straße nach Riedlingen steht die **Liebfrauenkapelle** von 1571. Sie besitzt eine sehenswerte Ausstattung, unter anderem mit einem Kruzifix aus dem Michel-Erhart-Umkreis sowie zahlreichen Gedenktafeln. – Beachten sollte man auch die verschiedenen **Wegkapellen** an den Ortsausgängen (16.–18. Jahrhundert).

■ **Museen:**

Peterstor-Museum. Marktplatz 3. Exponate zur Volksfrömmigkeit und zum Kloster. Telefon (0 73 73) 2 05-0.

Württembergisches Psychiatriemuseum. Münsterklinik. Hauptstraße 9. Dokumentation psychiatrischer Einrichtungen der letzten 150 Jahre. Telefon (0 73 73) 10 32 23.